中国现代财税金融体制建设丛书

吴晓求　庄毓敏　主编

现代预算制度建设

王秀芝　马光荣　著

中国人民大学出版社
·北京·

总 序

中国式现代化的经济基础与财政金融的作用*

吴晓求

党的十九届五中全会提出要"建立现代财税金融体制",党的二十大报告对中国式现代化的内涵进行了全面而深刻的阐述,凸显了建立现代财税金融体制的重要性。现代财税金融体制建设包含宏微观金融体制建设和财税体制建设。其中,宏微观金融体制建设主要涉及现代中央银行制度、现代货币政策体系、现代宏观审慎政策及监管框架、现代商业银行制度、现代保险制度、现代资本市场、现代公司金融制度以及现代信用风险管理等内容,财税体制建设主要涉及现代预算制度、现代税收制度以及政府间财政关系等内容。中国人民大学财政金融学院组织专家学者对上述问题展开深入研究,形成了"中国现代财税金融体制建设丛书",以期为中国式现代化建设贡献智慧。谨以此文作为这一丛书的总序。

中国式现代化内涵丰富,下面重点从经济和财政金融的角度,对中国式现代化的经济基础与财政金融的作用做一些粗浅的分析。

一、如何理解中国式现代化

党的二十大报告对中国式现代化做了准确而全面的概括:中国式

---

* 此文曾发表在 2022 年第 4 期的《应用经济学评论》上,作为本丛书总序,作者对其做了一些增减和修改。

现代化是人口规模巨大的现代化，是全体人民共同富裕的现代化，是物质文明和精神文明相协调的现代化，是人与自然和谐共生的现代化，是走和平发展道路的现代化。同时党的二十大报告强调指出，中国式现代化是中国共产党领导的社会主义现代化，这既体现了国际社会公认的现代化的基本内涵，又体现了中国特色。这同我们所走的中国特色社会主义市场经济发展道路一样：既体现了市场经济的一般原则，具有现代市场经济的基本内涵，又是人类社会探索市场经济发展道路的一种新形式。我们不是模仿、照抄以美国为代表的西方发达国家所走过的市场经济发展道路，而是根据中国国情进行创造性探索。中国式现代化同中国特色社会主义市场经济一样，既体现了国际社会的共识和人类社会的文明成果，又走了一条中国式的发展道路。实践表明，把普遍原理与中国国情相结合，是我们成功的法宝。

中国式现代化体现了中华民族的智慧——勤于学习、善于改造、敢于创新，同时又充分吸收了人类文明的优秀成果。人类文明的优秀成果是我们理论创新的起点。创新不是空穴来风，不是海市蜃楼，而是要以人类对已有文明成果的积累和丰富的实践为基础。中国式现代化这一概念就是基于这样的思考而提出的。

中国式现代化，首先有国际社会一般认知的现代化内涵。国际社会所认知的现代化有多重指标。在这多重指标中有一个核心指标，那就是现代化国家首先应是一个发达国家，是发达国家当然也就是高收入国家。所以，成为高收入国家、发达国家是实现中国式现代化的前提条件。我们要实现中国式现代化，首先就要进入高收入国家行列并成为发达国家。

世界银行、国际货币基金组织等权威国际机构对高收入国家、发达国家都有自己的定义。例如，2021年世界银行公布的高收入国家的经济指标门槛是人均国民总收入（GNI）12 695美元，国际货币基金组织公布的发达国家的经济指标门槛是人均国内生产总值（GDP）2万美元。2021年中国GDP为114.92万亿元人民币，按照当时的汇率计算，中国人均GDP已达12 551美元。2021年中国人均GNI为11 890美元，中国居上中等收入国家行列。

国际上现有的发达国家均首先跨越了人均GDP这一经济指标的门槛。除此之外，要成为发达国家，还必须达到生态环境、人均预期寿命、教育水平、法制基础、贫富差距、社会公平、创新能力和国际影响力等方面的一系列社会指标标准。所以，中国式现代化的实现过程也就是经济社会全面发展的过程，而不是单一指标的突进。

过去，我们赖以生存的环境包括土壤、空气和水资源都受到了不同程度的污染。改善环境，走绿色发展之路是我们未来面临的艰巨任务。中国人均预期寿命现在处在世界先进行列。自新中国成立以来，我们在这方面取得了举世瞩目的成就。在新中国成立之前，中国人均预期寿命很短，不到40岁。那个年代战争频发、经济发展水平低、粮食供应不足、医疗卫生体系落后，人均预期寿命短。2021年，中国人均预期寿命为78.2岁，女性比男性略高。在人均预期寿命这一指标上，中国进入了发达国家行列。虽然人均预期寿命较高，但中国的医疗资源相对短缺，医疗卫生体系相对脆弱。我们要大力改善医疗卫生体系，提升人们的健康水平，让所有人都能得到应有的医疗保障。

我国一直在努力提高教育水平，改善教育条件，但我国的教育状况与中国式现代化的要求还有较大差距。让适龄儿童和青少年接受良好的教育仍然是我国教育面临的最大任务之一。我们要着力改善基础教育，进一步完善义务教育制度，这是实现现代化的重要举措。我们要对农村偏远地区的基础教育加大投入，让每个适龄儿童和少年都能上得起学。

法制建设要进一步改善。自党的十八大以来，中国法制建设取得了长足进步。我国颁布了《中华人民共和国民法典》，这是中国法制建设的重要标志，为保护财产权、保障市场主体的平等地位提供了坚实的法律保障。自党的十八大以来，中国的反腐败行动取得了历史性进步，清洁了社会环境，积极培育和践行社会主义核心价值观。但中国的法制观念、法治化水平与中国式现代化的标准还有较大差距。一些地方乱作为、胡作为的现象时有发生，一些和法律精神相抵触、相背离的政策仍然存在。中国式现代化一定是法制建设的现代化，是法治国家的现代化。

中国式现代化还必须有极强的创新能力。没有创新能力，经济社会就会停滞，经济增长和社会发展就会缺乏源源不断的动力。创新是一个国家现代化的重要保障。世界上有些国家曾经接近、达到甚至超过发达国家的起点标准，但是由于创新能力不足，腐败严重，加上政策严重失误，因而停留在或退回到中等收入国家行列，学术界把这种现象称为"中等收入陷阱"。历史上，在迈向现代化国家的过程中，有些国家要么迈不过去，落入"中等收入陷阱"，要么短期跨越了"中等收入陷阱"，一度成为高收入国家，但在较短时间内又退回到中等收入国家行列。我们要总结这些国家的教训，避免走弯路、进"陷阱"，防止出现它们的失误和曲折。

从历史经验看，创新机制和创新能力对一个国家迈向发达国家极为重要。这里的创新指的是多方面的创新。首先是技术创新。中国要建成现代化国家，经济结构转型和基于技术进步的产业迭代是基本路径。我们不能停留在低端产业，也不可能通过资源型企业把中国带入现代化。我们必须进行技术创新，推动产业升级换代，提升经济竞争力。中国经济的竞争力在于技术进步和高科技产业发展。

除了技术创新外，观念创新、制度创新、模式创新、组织创新都非常重要。我们面对的是越来越不确定的未来，高科技企业的商业模式、组织模式需要创新。试图用传统产业的模式去发展高科技产业，那肯定是行不通的。不少人只意识到了技术创新的重要性，没有意识到观念创新、制度创新、模式创新、组织创新的重要性。实际上，这些创新都是中国式现代化创新的重要内涵。

中国是一个人口规模巨大的国家，其现代化一定会改变全球格局，对全球产生巨大而深远的影响。我们所追求的现代化是中国式的，有鲜明的中国特征。党的二十大报告把中国式现代化的特征概括为五点，这五点中最引起人们关注的是全体人民共同富裕的现代化。

共同富裕是中国特色社会主义的本质要求，体现了中国共产党人的初心使命。从中国共产党成立那天起到1949年中华人民共和国成立，再到1978年改革开放，再到党的二十大，在每个时期，实现全体人民共同富裕都是我们的目标，这个目标从来没有动摇过。1955年，毛泽东同志指出，富是共同的富，强是共同的强。1990年，邓小平同志指出，共同致富，我们从改革一开始就讲，将来总有一天要成为中心课题。共同富裕一开始就在邓小平同志改革开放的战略设计中。习近平总书记指出，共同富裕是中国特色社会主义的根本原则，所以必须使发展成果更多更公平惠及全体人民，朝着共同富裕方向稳步前进。

让中国人民富起来，实现共同富裕，是中国共产党人的初心使命的重要体现，对于这个目标，中国共产党人从来没有动摇过。今天我们所要实现的中国式现代化，一定是全体人民共同富裕的现代化，我们一直都在朝着这个目标努力。

二、中国式现代化的经济基础

要实现中国式现代化，首先必须成为高收入国家，成为发达国家，所以保持经济的可持续增长就成了当前乃至未来相当长时期内的重要任务。只有保持经济的可持续增长，财富才能源源不断地被创造出来，中国式现代化才可能实现。

这里有一个基本判断：什么样的体制和政策能使经济处在可持续增长中？我认为，中国特色社会主义市场经济体制是中国经济可持续增长最重要的体制基础，继续深化改革、不断推进高水平开放是中国经济可持续增长最重要的政策取向。中国特色社会主义市场经济是现代市场经济的一种业态、一种新的探索形式，体现了市场经济的一般原理。

市场经济是建立在分工和交易的基础上的。分工是市场经济存在的前提，没有分工就没有市场，没有市场就没有公允的价格，也就没有公平的交易。没有分工、没有市场、没有交易，那就是自然经济。自然经济不可能让人类社会富裕起来，只有基于分工和交易的市场经济，才能大幅度提高劳动生产率，才能源源不断地创造出新的财富。只要我们继续坚持中国特色社会主义市场经济体制，就能够把财富源源不断地创造出来，因为它是基于分工的，市场是自由的，价格是公允的，交易是公平的，市场主体的地位是平等的。

改革开放前的中国是一个贫穷落后的国家，大多数人处在贫困状态。改革开放后，我们选择了一条市场经济道路，人民开始富裕起来了。我们所走的市场经济道路，不是自由市场经济道路，而是中国特色社会主义市场经济发展道路。改革开放后，我们要迅速摆脱贫困，让老百姓能够吃饱饭，但是按自然演进的市场经济模式难以快速实现这一目标。后发国家有后发优势，可以学习、借鉴发达国家的经验，实现经济的跨越式发展。一段时间以来，我们重视引进外资，重视引进国际先进技术，重视学习和借鉴国际先进经验，在此基础上探索自己的发展道路。

要实现跨越式发展，除了必须尊重分工、自由的市场、公允的价格、公平的交易和市场主体的平等地位外，一个很重要的机制就是要发挥并优化政府的作用。改革开放40多年来，各级政府在中国经济社会发展中起着特别重要的作用，这是中国经济发展模式的重要特征。举例来说，中国的地方政府在经济发展和现代化建设中起到了重要的作用，地方政府大力招商引资，高度重视经济建设。又如，各类工业园区、技术开发区的设立也是中国特色。存量改革阻力很大，要对老工业城市和老工业基地进行市场化的存量改革非常困难。地方政府根据中央的精神，制定自己的发展战略，建立各种工业园区、技术开发区，引进资本和新技术，以增量活力引导存量改革。再如，中央政府的"五年规划"以及经济特区、区域经济发展战略对中国经济发展发挥了顶层设计和引领的作用。上述特征都是中国特色社会主义市场经济体制的重要体现。

在中国式现代化的实现过程中,我们必须进一步推进市场化改革、推动高水平开放。市场化改革和中国特色社会主义市场经济模式在方向上是完全一致的。只有不断深化市场化改革,才能不断完善中国特色社会主义市场经济模式。

我们制定了"双循环"发展战略,这是基于中国国情和中国实际情况以及全球形势变化而做出的战略转型。"双循环"发展战略强调以内循环为主,内循环和外循环协调发展,但这绝不是否认外部需求对中国经济发展的重要作用。实际上,推动高水平开放在今天仍然至关重要。习近平总书记指出,改革开放是中国共产党的一次伟大觉醒,不仅深刻改变了中国,也深刻影响了世界。今天中国虽然已经发展起来了,资本充盈甚至有些过剩,但对外开放仍然是很重要的,要高度重视外资和外国先进技术的引进,重视外部市场的拓展。

2001年12月,中国加入WTO,这是中国经济在近现代第一次全面融入国际经济体系。这种对外部世界的开放和融合,使中国经济发生了根本性变化。中国的实践表明,对外开放对中国式现代化的实现具有巨大而深远的影响。

要实现中国式现代化,必须实现全体人民的共同富裕。共同富裕一直是我们追求的目标,从未动摇。在我的理解中,实现共同富裕要处理好三个关系。

首先,要保护并优化财富创造机制。要让社会财富不断地丰盈起来,就必须共同奋斗,不存在"等靠要"式的"躺平"。"等靠要"与共同富裕毫无关系。共同富裕一定是每个人都很努力,共同创造可以分配的增量财富。没有增量财富,存量财富很快就会枯竭。每个人都要努力地创造增量财富,不能只盯着存量财富。中国还不是高收入国家,只是刚刚全面建成小康社会的上中等收入国家。要让人民越来越富裕、社会财富越来越多,高效率的财富创造机制是关键。

其次,要进一步改革收入分配制度。收入分配制度改革的基本着力点是适度提高劳动者报酬,在再分配环节更加注重公平。我们要让低收入阶层、贫困家庭过上正常的生活,通过转移支付、救济等方式保障他们的基本生活。要实现基本公共服务均等化。转移支付、困难补助、救济等都是再分配的重要内容。党的二十大报告专门强调要规范收入分配秩序,意义深远。

最后,要形成有效的财富积累机制。有效的财富积累机制是下一轮经济增长和财富创造的重要前提。没有财富的积累,就难以推动下一轮经济增长。党的二十大报告提出要规范财富积累机制,这蕴含了深刻的含义。

财富积累除了另类投资外,主要有四种方式:

一是将现期收入减去现期消费之后的剩余收入,以居民储蓄存款的形式存入银行。这是大多数中国人财富积累的主要方式。

二是投资风险性金融资产,比如股票、债券、基金等。投资这种风险性金融资产是现代社会财富积累的重要方式,是未来财富积累的主流业态。

三是创业。创业的风险比前两种财富积累方式要大得多,存在巨大的不确定性。创业不成功,投资就会失败。创业一旦成功,财富就会按几何级数增长。在这里,收益与风险是相互匹配的。政策应鼓励人们去创业、创造,这是财富增长最坚实的基础。

四是投资房地产。2004年以后,中国房地产业发展速度惊人,房价飞涨。在10年左右的时间里,一线城市的房价涨了20倍以上。投资房地产在一个时期成了人们财富积累的重要方式。

如何理解规范财富积累机制?

我认为,第一,要完善法制,让人们的财产权和存量财富得到有效保护。第二,必须关注财富积累方式的调整。畸形的房地产化的财富积累方式,给中国经济和金融体系带来了潜在的巨大风险和危机。

中国居民的资产有百分之六七十都在房地产上，这是不正常的。规范财富积累机制是金融结构性改革的重点。过度投资房地产的财富积累方式，应是规范的重点。

三、财政金融在中国式现代化中的作用

在中国式现代化的建设进程中，财政金融的作用十分关键。

（一）财政的作用

中国式现代化不仅要求经济可持续增长，还要求增长成果更好地惠及全体人民、实现共同富裕。财政政策在这两个方面均可以发挥积极的作用。首先，财政政策是推动经济可持续增长的重要手段。我们知道，经济可持续增长要求有良好的基础设施，包括交通等经济基础设施和教育医疗等社会基础设施。就经济基础设施而言，我国交通等传统基础设施已经实现了跨越式发展，而大数据中心、人工智能、工业互联网等新型基础设施还较为薄弱，需要各级政府加大财政投资力度，尽快建设能够提供数字转型、智能升级、融合创新等服务的新型基础设施体系。教育医疗等社会基础设施在很大程度上决定了一个国家的人力资本水平，构成了经济可持续增长的重要动力源泉，也决定了增长的成果能否更好地惠及全体人民。在这方面，我国的缺口还比较大，与人民的期许还有较大的距离，因此需要各级政府加大对教育医疗等领域的财政投入力度。

技术创新同样离不开财政政策的支持。技术创新充满了不确定性和风险，但也存在很大的正外部性，完全依靠市场和企业往往是不足的。这就需要政府利用财政补贴和税收优惠等措施来为企业分担风险，以激励企业更好地进行技术创新，推动技术进步。

其次，财政政策是促使增长成果更好地惠及全体人民、实现共同

富裕的重要手段。共同富裕不仅需要解决绝对贫困问题,也需要缩小收入分配差距。自党的十八大以来,我国高度重视绝对贫困问题,实施了精准扶贫战略,消除了绝对贫困,取得了彪炳史册的巨大成就。今后,在中国式现代化的实现过程中,还需要加大财政政策支持力度,切实防止规模性返贫。

缩小收入分配差距,实现收入分配公平,需要在保障低收入者基本生活的基础上增加低收入者的收入,扩大中等收入群体,并调节过高收入。保障低收入者基本生活的重点在于完善社会保障体系,充分发挥社会保障体系的兜底作用,在这方面既要尽力而为,又要量力而行。增加低收入者的收入、扩大中等收入群体的重点在于坚持多劳多得,鼓励勤劳致富,促进机会公平,完善按要素分配政策制度,探索多种渠道增加中低收入群众要素收入,多渠道增加城乡居民财产性收入。调节过高收入的核心在于完善个人所得税政策,充分发挥个人所得税的收入调节作用,但也需避免对高收入者工作努力和投资努力等的过度抑制。

最后,实现共同富裕还需要着力解决好城乡差距较大和区域发展不平衡等突出问题,这同样离不开财政政策。就中国的实际情况来看,解决好城乡差距问题的核心在于乡村振兴。我国的农村基础设施和农业技术创新还比较薄弱,这是乡村振兴面临的瓶颈,需要加大财政投入力度,着力加以破解。区域发展不平衡的原因有很多,而基本公共服务不均衡无疑是其中重要的一个。这就要求完善政府间转移支付制度,加大均衡性转移支付,促进财政横向均等化。

中国式现代化需要国家治理体系和治理能力现代化为之"保驾护航"。党的十八届三中全会明确提出,财政是国家治理的基础和重要支柱。由此来看,财政的现代化是中国式现代化的一个基础性和支柱性要素。我认为,要实现财政的现代化,需要着力推进以下三个方面的改革:

(1)财政政策的现代化。首先,需要进一步处理好政府与市场的关系，明确市场经济条件下政府的职能定位以及政府干预的合理边界，使市场在资源配置中起决定性作用，同时更好发挥政府作用。其次，需要进一步统筹好发展与安全，要充分发挥财政政策在促进经济社会发展中的积极作用，也要着力确保财政可持续性，防范化解财政风险，尤其是地方政府债务风险。最后，需要进一步完善财政政策体系和治理机制，促进中长期战略规划和短期相机抉择政策，以及总量治理（需求侧）和结构治理（供给侧）的有效协同，提升财政政策的治理效能。

（2）政府间财政关系的现代化。中国式现代化的实现需要中央与地方各级政府的共同努力，现代化的政府间财政关系对于有效调动中央与地方两个积极性是至关重要的。而且，科学合理的政府间财政关系也是规范各级政府行为、构建良好的政府与市场关系的前提与基础。这需要进一步深化改革，构建起目标兼容、激励相容的现代财政体制。其中的关键是要确定科学、合理、清晰的财政事权与支出责任划分、财政收入划分以及财政转移支付制度，形成一个财政收支责任更为匹配，有利于兼顾中央与地方利益、确保分权制度效率和控制道德风险的制度安排，最终实现权责清晰、财力协调和区域均衡的目标。

（3）财政制度的现代化。党的十九大报告强调要加快建立现代财政制度。预算制度的现代化是现代财政制度的重要构成，是推进中国式现代化的重要保障。这其中的重点是进一步推进预算制度的科学规范、公开透明和民主监督。税收制度的现代化也是现代财政制度的重要构成，需要进一步深化改革，且改革的重点应放在公平税制、优化税种结构、健全相关法律法规、完善征管体系上。

（二）金融的作用

我们知道，中国式现代化首先是要确保经济的可持续增长，使增量财富源源不断地被创造出来，这就意味着经济增长要有可持续性。

要实现中国经济的可持续增长，就必须推动经济结构转型，促进科技进步，实现产业升级乃至产业迭代。基于科技进步的产业迭代是未来中国实现现代化的先导力量，寄希望于借助传统产业和资源型企业让中国实现现代化，那是不可能的。

我们必须着力推动科技创新、技术进步、产业升级和产业迭代。但是，从新技术到新产业的转化充满了不确定性或风险。一方面，新技术、新产业没有既成的足够的需求，没有确定的市场；另一方面，它们又会受到传统产业的打压和阻挠，所以新技术变成新产业的过程充满了不确定性。这种不确定性超出了单个资本的风险承受边界，更超出了创业者的风险承受边界。社会需要一种机制来分散从新技术向新产业转化过程中的巨大风险。

分散风险必须进行有效的资源配置，这就需要进行金融创新。没有金融创新，从新技术向新产业转化的速度就会减缓，效率也低。回望20世纪80年代，美国和日本的产业竞争力差不多，后来美国之所以大幅度超越日本，就是因为金融创新起到了重要推动作用。硅谷的成功既是科技和产业结合的典范，也是金融创新的硕果。没有金融创新，就不太可能有硅谷。大家只看到高科技、新产业，没有看到金融创新在其中所起的孵化和促进作用，它发挥着分散风险的功能。如果我们只停留在传统金融占主导的金融模式中，实现中国式现代化将会遇到很多困难。

在中国，金融必须承担起推动科技创新、技术进步、产业升级和产业迭代的任务。所以，金融创新呼之欲出、应运而生。无论是基于脱媒力量的金融变革，还是基于科技进步的金融创新，目的都是拓展资本业态、金融业态的多样性。金融创新的结果是金融的结构性变革和金融功能的全方位提升，实现金融功能由单一走向多元。金融功能的多元化和金融业态的多样性，是现代金融的基本特征。

金融要服务于实体经济，很重要的是要服务于代表未来发展方向的实体经济。金融的使命不是复制历史，而是创造未来。如果金融只是保护传统、复制历史，这种金融就是落后的金融。如果金融关注的是未来，金融业态的多样性就会助力产业的升级换代。一个现代化国家经济的竞争力，在于科技的力量、金融的力量，而不在于其他。

资本业态的多样性是金融业态多样性最富有生命力的表现。从天使投资、风险投资/私募股权投资（VC/PE）到各种功能多元的私募基金和多种新资本业态的蓬勃发展，都是金融创新的重要表现。

金融服务于实体经济，不仅要满足实体经济对融资的需求，还要满足社会多样化的财富管理需求。随着居民收入水平的提高，社会对财富管理的需求日益多样，需要有与其风险偏好相适应的资产类型。越来越多的人倾向于通过市场化的资产组合进行财富管理，以获得超过无风险收益率的风险收益率。所以，金融体系必须创造具有成长性的风险资产，风险资产的背后是风险收益。满足居民日益多样化的财富管理需求，也是金融服务于实体经济的重要内容。

中国式现代化有一个基本元素，就是金融的现代化。如果金融是传统的，那么说中国实现了现代化，恐怕就要打折扣。所以，中国式现代化当然包括中国金融的现代化。金融的现代化一定包括金融功能的多元化。融资、财富管理、便捷支付、激励机制、信息引导等都是金融的功能，金融体系必须充分发挥这些功能。

金融的现代化意味着金融普惠程度的提高。一个缺乏普惠性的金融很难说是现代化的金融。如果金融只为富人、大企业服务，忽略小微企业的融资需求，忽略中低收入阶层的财富管理需求，这种金融仍然不是现代化的金融。

要实现中国金融的现代化，我们必须着力推进以下三个方面的改革：

（1）进一步深入推进市场化改革。市场化改革最重要的是完成金融结构的转型，其中金融功能结构的变革最为重要。我不太关注金融机构体系，而十分关注金融的功能结构。商业银行的传统业务是存、贷、汇，现代商业银行也有其新的功能，如财富管理。处在靠传统利差生存阶段的商业银行是没有竞争力的，市场估值很低。为什么我们的上市银行盈利很高，在资本市场上估值却很低？这是因为它们功能单一，创新不足。这表明，中国商业银行的创新和转型极为重要。市场化改革最大的任务就是要实现金融功能的多元化。

（2）大幅度提高科技水平。没有科技水平的提高，中国金融的发展就只能走老路，只能步发达国家后尘。我们仅靠脱媒和市场化机制去改革金融体系是不够的，还必须通过技术的力量去推动中国金融的变革和发展。我们要高度重视科技对中国金融的作用，因为科技可以从根本上改变信用甄别机制。金融的基石是信用，防范金融风险的前提是信用甄别。在今天的实践中，传统的信用甄别手段识别不了新的风险，因此，通过技术创新提升信用甄别能力变得非常重要。互联网金融网贷平台从本质上说有其存在的价值，但为什么在中国几乎全军覆没？这是因为它们没有解决相应的信用甄别问题，试图用传统的信用甄别方式去观测线上风险，那肯定是没有出路的。

（3）开放和国际化。封闭的金融肯定不是现代化的金融。现代化的金融一定是开放的金融、国际化的金融。所以，中国金融的开放和国际化是未来最重要的改革方向。这其中有两个基本支点：

第一，人民币的自由化和国际化。人民币可自由交易的改革是必须迈过去的坎，是人民币国际化的起点。在世界前十大经济体中，只有中国没有完成本币的自由化。

第二，中国资本市场的对外开放。在中国资本市场上，2022年境外投资者的占比只有约4.5%，而在美国这一占比一般约为18.5%，在东京、伦敦则超过30%。当前的中国金融市场实际上只是一个半封闭、半开放的市场。中国金融未来改革的重点就是开放和国际化，这是中国金融现代化的核心内容。唯有这样的金融，才能有效推动中国式现代化的实现。

前　言

党的十八大以来，中央多次对预算制度改革进行重要部署，要求建立"全面规范透明、标准科学、约束有力的预算制度，全面实施绩效管理"等，旨在大力完善政府预算体系、加强预算公开、建立规范的地方政府举债融资机制、改革和完善转移支付制度。党的二十大报告从战略和全局的高度，明确了进一步深化财税体制改革的重点举措，提出"健全现代预算制度"。这是党中央立足国情、着眼全局、面向未来的重大部署，使现代预算制度建设迈上新征程。预算体现国家的战略和政策，反映政府的活动范围和方向，是推进国家治理体系和治理能力现代化的重要支撑，也是宏观调控的重要手段。因此，我国需要构建现代预算制度，以便与国家治理体系和治理能力现代化建设相匹配。现代预算制度是中国特色社会主义制度的重要组成部分，必须与中国式现代化相适应，健全现代预算制度是推进中国式现代化的重要保障。党的十八大以来，按照党中央、国务院决策部署，我国预算制度不断改革完善，现代预算制度初具雏形，预算在国家治理中发挥了重要作用，并为建立现代财政制度奠定了坚实基础，但与健全的现代预算制度之间仍有一定差距。本书系统地研究了我国现代预算制度建设问题，揭示了现代预算制度的特征与要求，分析了目前我国预算制度与现代预算制度之间的差距，同时围绕更好地发挥财政在国家治理中的基础和重要支柱作用、为全面建设社会主义现代化国家提供坚实保障的总体要求，对健全现代预算制度的问题进行了全面分析，并明确了未来现代预算制度改革的思路与措施。

本书的主要特点为：从实际出发，研究我国现代预算制度建设问题，力求做到理论与实践相结合、历史与现实相衔接，在发现和解决实际问题的过程中实现预算治理能力的持续提升，逐步建立我国现代预算制度的体系框架，更好地发挥财政在国家治理中的基础和重要支柱作用，为全面建设社会主义现代化国家提供坚实保障。

本书由中国人民大学财政金融学院王秀芝教授和马光荣教授合作完成，王秀芝教授负责全书总纂和统稿。各章写作分工如下：王秀芝教授执笔第一章、第二章（马光荣教授写作的内容除外）、第三章、第四章、第六章、第七章的写作；马光荣教授执笔第五章，并参与了第二章第三部分、第四部分的写作。

本书在研究、写作、出版的过程中得到了各级领导的关心和大力支持，本书获得了中国人民大学2022年度"中央高校建设世界一流大学（学科）和特色发展引导专项资金"的支持，同时中国人民大学出版社给予了大力帮助，在此一并表示衷心感谢！此外，政府预算制度研究领域的许多前辈、专家、学者等的研究成果为本书提供了大量有价值的借鉴与启示，在此也表示衷心感谢！

现代预算制度建设可以说是一项系统工程，目前仍在不断实践和推进之中，还存在大量的问题有待探讨。本书对于我国现代预算制度建设的研究只能算是一次探索，不足之处在所难免，我们真诚期待读者朋友的批评指正。

王秀芝
2023年10月

目录

| 第一章 |

现代预算制度概论

一、现代预算制度的含义 / 1

二、现代预算制度的要素 / 4

三、现代预算制度的原则 / 7

四、现代预算制度与国家治理的关系 / 9

五、现代预算制度的产生和发展 / 12

| 第二章 |

预算编制:全面完整

一、预算编制概述 / 20

二、预算编制改革 / 25

三、预算编制现状 / 51

四、深化预算编制改革 / 63

第三章

预算执行：规范有序

一、预算执行概述 / 69

二、预算执行改革 / 76

三、预算执行现状及存在的问题 / 91

四、深化预算执行改革 / 96

第四章

决算管理：内容明晰

一、决算管理概述 / 102

二、决算管理改革 / 105

三、决算管理现状 / 113

四、深化决算管理改革 / 121

第五章

地方政府债务：约束严格

一、地方政府债务管理概述 / 123

二、地方政府债务管理改革 / 127

三、地方政府债务管理现状 / 131

四、深化地方政府债务管理改革 / 150

| 第六章 |

预算绩效管理：结果导向

一、预算绩效管理概述 / 162

二、预算绩效管理改革 / 172

三、预算绩效管理现状 / 177

四、深化预算绩效管理改革 / 181

| 第七章 |

预算信息：公开透明

一、预算公开透明概述 / 189

二、预算公开透明改革 / 195

三、预算公开透明现状 / 201

四、深化预算公开透明改革 / 213

参考文献 / 219

第一章
现代预算制度概论

预算体现国家的战略和政策，反映政府的活动范围和方向，是推进国家治理体系和治理能力现代化的重要支撑，也是宏观调控的重要手段。习近平总书记强调，财政是国家治理的基础和重要支柱，科学的财税体制是优化资源配置、维护市场统一、促进社会公平、实现国家长治久安的制度保障。党的十八大以来，按照党中央、国务院决策部署和预算法规定，财政部会同有关部门和地方积极改进预算管理制度，大力推进中期财政规划、预算公开、地方政府债务管理、预算绩效管理等一系列重大改革举措落地实施，为建立现代预算制度提供了基础条件。为了更好地发挥财政在国家治理中的基础和重要支柱作用，党的十九届五中全会对建立现代财税金融体制、深化预算管理制度改革作出部署。党的二十大提出，要健全现代预算制度，优化税制结构，完善财政转移支付体系。

一、现代预算制度的含义

现代化的研究一直受到各国学者的关注，关于现代化有许多不同的理解，C. E. 布莱克认为："现代化是在可能对自然和社会现象寻求合理解释的创新意识中显示出来的。"① 塞缪尔·亨廷顿等指出："现代化是将人类及这个世界的安全、发展和完善，作为人类努力的目标和规范的尺度。现代化意指社会有能力发展起一种制度结构，它能适应不断变化的挑战和需求。"② 著名学者罗荣渠归纳了各国学者关于现代化的解释："从历史的角度来透视，广义而言，现代化作为一个世界性的历史过程，是指人类社会从工业革命以来所经历的一场急剧变革，这一变革以工业化为推动力，导致传统的农业社会向现代工业社会的全球性的大转变过程，它使工业主义渗透到经济、政治、文化、思想各个领域，引起深刻的相应变化；狭义而言，现代化又不是一个自然的社会演变过程，它是落后国家采取高效的途径（其中包括可利用的传统因素），通过有计划的经济技术改造和学习世界先进，带动广泛的社会改革，以迅速赶上先进工业国和适应现代世界环境的发展过程。"③ 由于不同国家的国情各异，使得不同国家的现代化又有各自的特色。中国式现代化是中国共产党领导的社会主义现代化，既有各国现代化的共同特征，又有基于自己国情的中国特色。中国式现代化是人口规模巨大的现代化，是全体人民共同富裕的现代化，是物质文明和精神文明相协调的现代化，是人与自然和谐共生的现代化，是走和平发展道路的现代化。在中华人民共和国成立，特别是改革开放以来长期探索和实践的基础上，经过党的十八大以来在理论和实践上的创新突破，中国共产党成功推进和拓展了中国式现代化。④ 因此，现

---

① C.E.布莱克.现代化的动力：一个比较史的研究.景跃进，张静，译.杭州：浙江人民出版社，1989.

② 塞缪尔·亨廷顿，琼·纳尔逊.难以抉择：发展中国家的政治参与.汪晓寿，吴志华，项继权，译.北京：华夏出版社，1989.

③ 罗荣渠.现代化新论.北京：商务印书馆，2004.

④ 习近平：高举中国特色社会主义伟大旗帜 为全面建设社会主义现代化国家而团结奋斗——在中国共产党第二十次全国代表大会上的报告.新华网，2022-10-16.

代化是成为具有现代特点的、适合现代需要的一种状态,同时又是一个符合本国国情的、不断进步的持续发展过程。

关于现代预算制度的研究,王绍光从"预算国家"的角度进行了分析,认为"预算国家"为拥有现代预算制度的国家。什么叫现代预算?现代预算必须是经法定程序批准的、政府机关在一定时期的财政收支计划,它不仅是财政数据的记录、汇集、估算和汇报,而且是一个计划。这个财政收支计划必须由行政首脑准备与提交;它必须是全面的、有清晰分类的、统一的、准确的、严密的、有时效的、有约束力的;它必须经代议机构批准与授权后方可实施,并公之于众。拥有这种预算体制的国家,才可被称作预算国家。①

综合现有文献可知,现代意义上的预算制度早已超出了传统国家政府理财的范式,它与现代国家建构紧密相连,不仅关系到一个国家的权力结构配置,关系到一个国家政治、经济、生活公共性的演进,而且关系到一个国家的长治久安及其现代国家建构的进程。党的十八届三中全会通过的《中共中央关于全面深化改革若干重大问题的决定》,提出了"推进国家治理体系和治理能力现代化"的重大理论命题,中国国家治理现代化是中国共产党团结带领中国人民,坚持和完善中国特色社会主义制度,深化改革不适应生产力发展的体制机制,不断提升国家治理能力,实现国家治理的科学性、民主性、法治性和有效性的过程及事业。财政作为国家治理的基础和重要支柱,政府预算作为国家治理体系和治理能力的重要载体,必须匹配国家治理体系和治理能力现代化建设,因而现代预算制度是与国家治理现代化相适应的预算制度,为实现国家治理的科学性、民主性、法治性和有效性保驾护航,需要具备预算法定、全面完整、规范有序、标准科学、约束有力、绩效控制、公开透明等几大要素。从现代预算制度建设而

---

① 王绍光.从税收国家到预算国家.读书,2007(10):3-13.

言，政府预算是经过立法机构批准的政府收支计划，预算编制应全面完整、预算执行应规范有序、决算管理应内容明晰、债务管理应约束严格、预算绩效应结果导向、预算信息应公开透明。

二、现代预算制度的要素

（一）预算法定

现代预算制度是法治预算。预算调整的是立法机关与行政机关、中央与地方、公民与国家之间的基本关系，涉及立法权与行政权、私权与公权的划分、制约和平衡，关乎公民基本经济社会权利和基本政治权利的保障，对于政府治理、法治进步、政治文明都有极其重要的意义。因此，只有确立预算法定、权力制衡、预算公开等现代法治预算的基本原则，才能将政府的预算权力关进制度的笼子里。预算法就是要"规范政府收支行为"，这就要求政府的预算活动必须严格遵循法律，以实现政府财政收支活动和管理行为的制度化、程序化、透明化。

（二）全面完整

预算的完整性是现代预算制度的基础。落实预算的全面完整，需要实行全口径预算，同时健全预算编制制度，这就要求政府的全部收支都应纳入预算，既不允许有游离于预算之外的政府收支，也不允许有游离于预算管理一般规范之外的政府收支，而且全部收入和全部支出应分别独立编列，以实现立法机关对政府的全面审查监督。例如，《中华人民共和国预算法》（以下简称《预算法》[①]）规定：政府的

---

① 后文中的《预算法》，除另有标明外，均指现行《预算法》，即 2018 年 12 月 29 日经第十三届全国人民代表大会常务委员会第七次会议修正的《预算法》。

全部收入和支出都应当纳入预算；预算包括一般公共预算、政府性基金预算、国有资本经营预算、社会保险基金预算；各种预算应当保持完整、独立，政府性基金预算、国有资本经营预算、社会保险基金预算应当与一般公共预算相衔接；并规定了四种预算的定义和编制原则。

（三）规范有序

规范有序主要表现在现代预算制度能够规范政府的收支行为，通过法律法规控制政府的收入和支出。硬化预算对政府支出的约束力，增强预算的执行力和规范性，是使预算具有法律效力的必然要求，也是现代预算管理的核心所在。政府收支均应按照既定规范执行。例如，对具体税收征管事项的操作标准、处理流程、办理时限以及表证单书等税收征管基础性和事务性工作进行规范，一般表现在五个层面：一是执行政策规范，所有规范事项坚持依法依规，将税收法律法规条文细化为可操作的流程、环节和文书；二是办理业务标准，明确所有征管事项的实体性和程序性要求及标准，以标准化规范税务机关履行职能；三是业务流程简约，减少表证单书，简化工作程序，把每一业务事项按照"启动-处理-结束"三个环节有机串联起来，做到精简、高效；四是指导工作实用，使各项征管业务便于操作、便于执行、便于落实，力求检索简单、脉络清晰、示范直观、提示明确；五是具体应用可以扩展，在业务事项描述中专设业务创新处理条目，融合征管实践创新内容，实现对税收征管创新的兼容。预算制度有序化是指所有预算管理行为都必须固化在预算制度程序之中，任何参与主体都不能违反或超越程序规定和程序要求为所欲为。规范有序是现代预算制度得以实施的重要保障，它要求参与主体按既定的规则和程序办事。

（四）标准科学

标准科学就是预算收支尤其是支出预算的编制要有科学的标准。一方面，从健全基本公共服务保障标准入手，合理确定各类预算支出的定额标准，推动预算科学精准编制；另一方面，深入推进支出标准体系建设，建立健全定额标准的动态调整机制，发挥标准对于预算管理的基础性作用。

（五）约束有力

约束有力就是要全面落实《预算法》，强化、硬化预算的法治约束。一方面，严格执行立法机关批准的预算，先预算后支出，无预算不支出；另一方面，所有政府支出均以取得立法机关授权为前提，任何预算调整或调剂事项都要经过立法机关审议、批准。①

（六）绩效控制

绩效是衡量预算制度运行效果的价值指标。现代预算制度将绩效理念和方法融入预算编制、执行和监督全过程，全面实行预算绩效管理，不仅每逢花钱必问绩效，对每笔支出做成本－效益分析，力争以最小投入换取最大产出，而且必须健全以绩效为导向的预算分配体系，推进预算和绩效管理一体化，全面提升财政资金使用效率和政策实施效果。

（七）公开透明

现代预算制度是透明预算。预算民主是现代预算制度的本质特征，也是国家民主治理的核心内容。实行透明预算是建设预算民主的

---

① 高培勇．找准建立现代财税体制的着力点和着重点．光明日报，2021-02-09．

关键，其目的就是要让权力在阳光下运行，把"看不见的政府"变为"看得见的政府"、"廉洁政府"和"责任政府"。预算公开在制度和实践层面对整个预算活动具有深刻的影响，预算公开的推行将使公民真正分享预算权力，"倒逼"和"激活"民主制度，对民主政治改革具有突破口的意义。

三、现代预算制度的原则

政府预算的原则是指国家选择预算形式和体系应遵循的指导思想，是制订政府财政收支计划的方针。财政作为"国家治理的基础和重要支柱"的论断，明确了现代财政的地位和功能，奠定了建立现代财政制度的理论基础，要求现代财政制度要有助于推进国家治理体系和治理能力现代化，而作为现代财政制度核心的现代预算制度是实现国家治理体系和治理能力现代化的重要保障。从预算作为国家治理范畴出发，建立现代预算制度需要遵循四个基本原则，即完整性原则、法治性原则、绩效性原则和公开性原则。完整性是现代预算制度的基础，法治性是现代预算制度的要义，绩效性是现代预算制度的核心，公开性是现代预算制度的本质。

（一）完整性原则

完整性原则是指预算内容全面完整、编制科学。预算编制是整个预算管理流程的起点，预算编制的科学性对于确保预算内容的全面完整至关重要。全面完整的现代预算必须是全口径预算，要求政府全部的财政收支均在预算中加以反映。实践中，要从科学编制预算入手，保证预算的全面覆盖、内容完整，增强预算约束力，推动预算管理提质增效。

（二）法治性原则

法治性原则是指预算执行规范、监督有力。建立现代预算制度必须坚持法治思维，严格执行各级人民代表大会批准的预算安排，坚持用预算来统领和约束各级政府部门的支出活动。与此同时，预算的规范化执行离不开强有力的预算监督，只有将人大监督、审计监督、财政部门自我监督、社会监督等预算监督机制与预算执行有机结合起来，才能维护好现代预算制度的权威。

（三）绩效性原则

绩效性原则是指注重预算绩效管理。现代预算制度需要强化绩效管理，这是优化财政资源配置、提升公共服务质量的关键举措。构建全方位、全过程、全覆盖的预算绩效管理体系，能为事前的资金分配提供重要依据，为事中的预算执行和控制提供可靠参照，为事后的奖励和问责提供必要反馈。

（四）公开性原则

公开性原则是指预算公开透明。现代预算制度要坚持公开透明原则，自觉接受社会监督。政府预算反映了政府的活动范围、方向和政策，与全体公民的切身利益紧密相关。政府预算的内容及其执行情况，除少数涉及国家秘密的信息外，必须明确并采取一定的形式公之于众，便于人民代表理解和审查，并置于社会公众的监督之下。与此同时，政府财政收支计划的制订、执行、执行中的调整和决算与评估的过程，应向社会公开。

四、现代预算制度与国家治理的关系

财政是国家治理的基础和重要支柱，而预算又是财政制度的核心内容，其与国家治理之间的关系是相辅相成的，必然要在国家治理中发挥重要的作用。现代预算制度与国家治理密不可分，它是国家政治与经济监督的载体，有什么样的国家治理机制，就一定有符合本国特色的预算制度与之相适应。

（一）预算制度现代化与国家治理现代化同步

现代预算制度和现代国家治理体系的建立既与西方国家的现代化进程一致，又在发展中国家和转型国家的现代化过程中不断被采纳并根据本国国情进行拓展。

具体到我国，党的十八届三中全会明确提出，"财政是国家治理的基础和重要支柱，科学的财税体制是优化资源配置、维护市场统一、促进社会公平、实现国家长治久安的制度保障。必须完善立法、明确事权、改革税制、稳定税负、透明预算、提高效率，建立现代财政制度"，从根本上阐明了财政与国家治理的关系。现代财政制度的核心是建立现代预算制度。《中华人民共和国国民经济和社会发展第十四个五年规划和2035年远景目标纲要》（以下简称《规划纲要》）提出了建立现代财税体制的目标要求、主要任务和实现路径。立足新发展阶段，《规划纲要》围绕建立现代财税体制的全面部署，是以更好地发挥财政在国家治理中的基础和重要支柱作用、健全符合高质量发展要求的财税体制作为出发点和落脚点的，而现代财税体制项下包括若干子项目，比如现代预算制度、现代财政体制、现代税收制度。

建立现代财税体制的提法可以追溯到党的十八届三中全会所确立的财税体制改革目标——"建立现代财政制度"。无论是建立现代财税体制，还是建立现代财政制度，都是基于全面深化改革的背景以及国家治理体系和治理能力现代化的目标要求而确立的。因此，我们在财税体制建设上的目标，从预算制度而言，就是建立从党和国家事业发展全局出发、匹配现代国家治理的现代预算制度。

在现代国家治理体系框架中，政府预算绝对是一个重要载体。通过政府预算治理国家，是可以观察到的有关现代国家治理活动的一个基本轨迹。与此同时，政府预算也是控制政府支出规模的一个有效手段——通过政府预算，可以形成对政府支出规模和国家治理活动成本的有效控制。

（二）现代预算制度是国家治理体系的重要组成部分

现代预算制度是国家治理体系的重要组成部分，更是国家治理能力的基础和保障。这决定了它必须在国家治理框架内进行工作，即它必定受到同一期间国家治理的行动指南、目的要求、治理重心和治理方式等诸多因素的影响与制约，必定跟随国家治理的创新而被持续地赋予新内涵、新要点、新方法。国家治理机制变化到一定程度，必然会引起现代预算制度的变革，因而国家治理机制的发展对现代预算制度的发展起决定性主导作用。

（三）现代预算制度是国家治理能力的基础和保障

第一，政府提供满足社会公众需要的公共产品与服务都有一个资金的支持和保障问题，政府向社会提供的各类公共产品最终都表现为预算收支。预算是一国记录和反映有关政府收入来源及支出去向的报告，反映着有限的公共资源如何通过一定的政治程序在各种需求间分配的问题。只有通过完善的预算制度，才能为国家的各项经济和社会发展提供有力支撑，才能顺畅地为国家治理能力的提升打下基础。

第二，由于政府预算是"取他人之财，为他人办事"，成本和效益都是外在的，就容易产生偏离纳税人意愿及权力寻租等腐败现象。因此，在现代国家治理体系中，与社会公众息息相关的政府预算日益受到各方的关注，包括立法部门、行政部门、政党（政治家）、审计机构、公务人员、普通居民、政府退休金及养老金领取者、政府服务供应商、政府债券购买者、新闻媒体等都以某种方式参与到预算过程。因此，政府的各项收支活动必须受到法律的规范，权力必须关进制度的笼子里，这就需要构建现代预算制度对政府的收支行为进行约束，以维护社会公众的切身利益。因此，现代预算制度在政府体系的构建和治理能力的提升中发挥着基础性的保障作用。

（四）国家治理能力在很大程度上取决于它的预算能力

在对国家治理有着巨大影响的制度范畴内，现代预算制度作为现代财政制度的核心，其地位表现在：所有的财政活动都必须按预算程序依法进行，包括预算编制、审查批准、执行调整、决算审计、绩效评价等整个预算过程都必须接受立法机关以及社会公众的监督。因此，我国要对实践中的预算问题开展分析和原因探寻，并针对预算治理中现存的体制性漏洞、机制性障碍和制度性缺陷，全面深化预算改革，从而大力推动国家治理体系和治理能力现代化。建立全面规范、公开透明的预算制度"是国家治理体系和治理能力现代化的基础和重要标志，是强化预算约束、规范政府行为、实施有效监督，把权力关进制度笼子的重大改革举措"①。通过预算制度改革，可以促进国家治理体系和治理能力现代化。正如学者希克（Schick）所言：一个国家的治理能力在很大程度上取决于它的预算能力。如果不是因为有了现

---

① 楼继伟. 深化财税体制改革 建立现代财政制度. 求是，2014（1）：35-35.

代预算制度，现代国家不可能有效地承担这么多的职能。①

五、现代预算制度的产生和发展

（一）西方现代预算制度的产生和发展

预算一词源于英文"budget"，原意是"皮包、皮袋或布袋"，因为在早期的英国，财政大臣到议会提请审批财政法案时，总是携带一个装有财政收支账目的大皮包。时间长了，人们习惯于用"皮包"代指政府预算，将这一词汇译为政府预算。

从世界范围来看，现代政府预算制度最早起源于英国，其演进过程分为三个阶段：

（1）早期形成阶段（1215—1688年）。1215年，英国贵族因不满国王约翰为弥补财政缺口而无休止地加税，借故没收土地爆发武装冲突，最终迫使约翰签署了限制国王征税权的《大宪章》，这标志着英国政府预算制度早期萌芽的产生。在大宪章运动后，英国初步建立了议会制度。14世纪至15世纪新兴资产阶级的力量逐步壮大，它们充分利用议会与封建统治阶级争夺课税权及财政资金支配权，要求开征新税或增加税收时须经议会同意，并要求政府同时开列全年的财政收支，经议会讨论批准后方可执行，形成了政府预算的雏形。1640年资产阶级革命后，议会逐渐控制了包括支出在内的所有预算权。

（2）中期发展阶段（1688—1852年）。随着英国由传统农业社会向工业化社会的转型，现代税制结构基本形成，议会的税收控制权逐步加强。1689年通过的《权利法案》规定议会为最高权力机构，初

---

① Schick, Allen, *The Capacity to Budget*, Washington, DC: The Urban Institute Press, 1990.

步确立了政府预算的原则和步骤，使英国政府的预算制度基本形成。1787年，议会通过《统一基金法》，建立起"统一基金"①。自1787年开始，英国政府所有的收入均应纳入统一基金，所有的支出均应由统一基金支付。因此，统一基金的建立极大地增强了议会下院的预算控制权。在"光荣革命"②后，议会逐步加强了对财政支出的控制，使系统的预算支出拨款制度形成，议会获得了真正的预算支出决定权。19世纪初，议会确立了按年度编制和审批预算的制度。至此，英国具有现代意义的政府预算制度才真正建立起来了。1832年，议会又通过法律规定：财政大臣每年必须向议会提交全部"财政收支计划书"，包括财政计划收支、预期赤字或盈余等，此举已具备政府年度财政报告的雏形。为了进一步加强对预算支出的控制，议会逐步将君主的个人支出和政府的一般性行政支出区分开来。议会又通过一系列措施加强对民用支出的控制。1847年，民用支出预算最终具备了现代的预算管理形式，完全纳入议会的控制之下。

（3）近期成熟阶段（1852年至今）。19世纪中后期，英国出现了一个"改革时代"。1852—1866年威廉·尤尔特·格莱斯顿多次担任财政大臣并进行了一系列的政府预算制度改革，加强了预算收入的管理与控制，将所有的财政收入都纳入政府预算管理，从而堵住了长期

---

① 所谓的"统一基金"，是英国政府在英格兰银行的公共账户名称。

② 1688年11月5日，威廉率600艘军舰和1.5万名士兵在英国西南部的托尔基海港登陆，随即向伦敦进军。威廉进入英国后，受到了贵族和乡绅的支持，许多高级军官亲自到威廉的驻地表示支持，甚至连詹姆士二世的第二个女儿和女婿都背叛了詹姆士二世，投向威廉，而詹姆士二世逃往法国。1689年2月，议会宣布威廉为英国国王，玛丽为女王，实行双王统治。随后，议会又通过了《权利法案》和《王位继承法》。这两项法案规定：未经议会同意，国王不得下令废止法律，不得任意征税，不得任意招募军队及维持常备军；王位继承问题也不能由国王个人决定，而是要由议会讨论通过。1688年的这场政变是一次没有经过流血而完成的政变，所以又称"光荣革命"。"光荣革命"的历史意义是重大的，资产阶级确立了世界上第一个君主立宪政体，议会及政府逐渐掌握了治理国家的权力。

以来各部门仅仅上缴净收入这一严重的财政漏洞。与此同时，君主的封建收入也逐步被取消或被控制。1909年，英国政府准备同时实施社会福利政策和军事改革政策，但这些改革的实施不仅会使以往的财政盈余耗费殆尽，而且会带来巨额赤字。为解决这一问题，财政大臣劳埃德·乔治实行了大胆的财政改革，决定选择增税来弥补新增的预算支出。19世纪中后期，在预算支出方面，人们对支出必须予以压缩和控制仍是主流观点。在第二次世界大战后不久，英国的政府预算开始区分"线上预算"和"线下预算"。"线上预算"为经常预算，"线下预算"为贷款预算。1968年，英国的贷款预算改为国民公债基金。如果经常预算收入超过支出，则列入国民公债基金的收入部分；如果支出超过经常预算收入而出现赤字，则由国民公债基金的贷款弥补，政府则增加同等数额的公债。这一技术手段削弱了议会控制预算支出增长趋势的能力。在1867年以后，包括预算控制权在内的政治权力开始由议会向政府行政部门转移，到20世纪60年代，政府已经完全控制了议会。在预算程序中，政府和议会形成了下述权力格局：预算的编制、执行完全由政府负责，议会拥有批准预算的权力。由此可见，英国的现代预算制度是逐步成熟和完善的。

英国在正式建立政府预算制度后，将这种财政管理制度迅速推广到其势力所影响的国家和地区。由于受到两次世界大战和现代社会发展变迁的影响，美国已成为西方政府预算制度变迁的主要推动者。第一次世界大战后，在美国"进步时代"的历史背景下，美国国会于1921年通过了《预算与会计法案》，其中规定总统每年要向国会提出预算报告，标志着现代的政府预算制度在美国产生了。美国自1921年"强化预算中总统行政权"这一轮预算制度改革开始，经历了绩效预算改革、规划项目预算改革、零基预算改革等，其预算理念与制度伴随着预算改革日趋成熟与完善。持续不断的预算改革不断提高财政资金的使用效率和透明度，推进着西方预算制度的完善。

（二）中国现代预算制度的产生和发展

1. 中国现代预算制度的产生

一般认为，中国具有现代预算制度特点的预算思想是在清末开始产生的。当时的中国内忧外患，亟须变革救国，一些有识之士提出"西学中用"的口号，郑观应、梁启超等在其著作中介绍了西方国家的财政预算知识并建议学习西方建立中国的预算制度。1898年，光绪帝颁布上谕，即我们通常所说的《明定国是》诏书（亦称《定国是诏》），明令改革财政，编制预决算，但此诏因"戊戌变法"失败而未能实施。20世纪初，清政府迫于内外压力推行政治体制改革，在财政上也相应推进和完善了预算制度。1911年，清政府颁布了中国历史上第一份全国预算案，但由于清末政局动荡，各省形成割据状态且财政混乱，该预算只是各省情况的简单汇总。在中华民国成立后，北洋政府着手梳理、检讨清政府在预算制度方面的规定，并于1914年编成《国家预算简章》作为办理预算的基础，奠定了北洋时期预算制度的框架。随后，国民政府为准备实施预算制度相继颁布了多部法律。1932年，国民政府颁布《预算法》，确立了一整套预算、主计及审计制度，标志着近代中国预算制度已基本成型。但由于内战爆发，这部《预算法》最终未能得以施行。[①]

2. 新中国现代预算制度的发展脉络

（1）计划经济时期的预算制度初探（1949—1992年）。1949年，在新中国成立后就公布了第一个预算——《1950年财政收支预算》。编制国家预算是《中国人民政治协商会议共同纲领》所规定的一项重

---

① 卢真，马金华.中西方现代预算制度成长的驱动因素分析及启示.中央财经大学学报，2016（10）：6.

要财政工作。1949年12月27日,政务院下发《关于1949年财政决算及1950年财政预算编制的指示》,初步说明了政府预算管理的相关技术规范,包括预算年度实行历年制,1949年收支决算编制及1950年财政预算编制的基本原则、工作日程、具体方法和要求等,1950年预算可谓是新中国成立后的第一个"国家账本"。1951年,我国颁布了《预算决算暂行条例》,进一步明确了国家预算管理体制的相关内容,包括各级政府预算权限分配、国家预算管理组织保障、各级政府预算管理的具体程序等。至此,我国的政府预算制度初步建立起来了。

1953—1992年我国的预算收支规模比较有限,国家经济管理实行计划经济体制,强调计划而不是市场在资源配置中的作用,因而预算主要服务于国家总体的经济管理布局,实行单式预算,预算编制原则上贯彻国民经济综合平衡原则,在理财思想上遵循"以收定支、略有节余"的财政平衡观;在预算编制方法上长期沿用基数法编制预算;在预算编制程序上采用"一下、一上、二下"的逐级汇总编制方法。在计划经济体制的大环境和"国家分配论"的大背景下,预算成为政府收支管理的一个工具,而预算的宏观调控功能无从谈起。提交人大审查批准的预算报告被打上"机密"标签,也就是财政透明度不高。

(2)市场经济初期的预算制度变革(1992—1998年)。1992年,党的十四大明确了我国经济体制改革的目标是建立社会主义市场经济体制,发挥市场在资源配置中的基础性作用,财政管理体制与预算管理制度也开始按照市场经济的要求进行调整改革。国务院于1991年10月21日颁布《国家预算管理条例》,规定从1992年开始,政府预算采用复式预算的编制办法,分门别类地在两个账本——经常性预算和资本性预算中反映预算收支。自1995年1月1日起,《预算法》正式实施,该法是我国第一部规范政府和部门收支管理的法律,对于政府预算管理的基本原则性问题和技术性问题均做出了法律上的明确规范，我国的预算管理开始逐步走上法制化的道路。与此同时，在这个阶段，我国还改革了政府财务核算体系，完善了预算外资金管理。

（3）公共财政目标下的预算制度变革（1998—2013年）。2000年，我国开始在中央部门实施部门预算改革。部门预算是指各部门依据国家有关政策规定及其行使职能的需要，由基层预算单位编制并逐级上报，由主管部门按规定汇总，经财政部门审核后提交立法机关依法批准的涵盖部门各项收支的综合财政计划。部门预算改革为实施全口径预算管理奠定了基础。2001年，国务院办公厅转发《财政部关于深化收支两条线改革进一步加强财政管理意见的通知》，以部门综合预算编制为出发点，以预算外资金管理为重点和难点，以强调收支脱钩为中心，以国库管理制度改革为保障，明确提出进一步深化"收支两条线"改革的步骤与相关措施。在预算执行方面，主要进行了国库集中收付制度改革、政府采购制度改革以及政府收支分类改革，提高了预算执行的规范性。

（4）国家治理现代化背景下的预算制度变革（2013年至今）。2013年11月，党的十八届三中全会提出："改进预算管理制度，完善税收制度，建立事权和支出责任相适应的制度。"2017年10月，党的十九大报告指出："建立权责清晰、财力协调、区域均衡的中央和地方财政关系。建立全面规范透明、标准科学、约束有力的预算制度，全面实施绩效管理。"2014年8月31日，具有"经济宪法"之称的《预算法》完成第一次修订，而后于2018年12月29日完成第二次修订。2019年10月，党的十九届四中全会指出："完善标准科学、规范透明、约束有力的预算制度。"2022年10月，党的二十大报告提出"健全现代预算制度"，指出了下一步改革的突破点是健全标准科学、规范透明、约束有力的预算制度。

从历史的视角观察，党的十八届三中全会以来，党中央在不同阶段对财税改革提出了不同要求,对于预算制度改革的要求先后为"改进、建立、完善、健全"。由此可见,党的十八大以来,按照党中央决策部署,财税改革全面发力,预算管理制度更加完善,财税体制进一步健全,税收制度改革取得重大进展,与国家治理能力提升和治理体系现代化相适应的现代预算制度基本形成。然而,目前我国的预算制度仍存在一些问题需要进一步完善,也就是建设与国家治理体系和治理能力现代化相匹配的现代预算制度仍是国家治理现代化过程中的重大议题。

(5)未来健全现代预算制度的基本原则。

第一,坚持党中央集中统一领导,确保预算制度改革的正确方向。把党的领导贯彻到健全现代预算制度的全过程,可以确保预算制度安排体现党中央的战略意图,更好地发挥财政在国家治理中的基础和重要支柱作用。

第二,坚持以人民为中心的发展思想,推动现代化建设成果更多、更公平地惠及全体人民。预算安排涉及"蛋糕"分配,关系民生福祉,必须把实现好、维护好、发展好最广大人民根本利益作为健全现代预算制度的出发点和落脚点。

第三,坚持艰苦奋斗、勤俭节约,建立可持续的财政保障机制。健全现代预算制度,要把艰苦奋斗、勤俭节约作为预算收支安排的基本原则。

第四,坚持高质量发展,全面提升预算管理的现代化水平。健全现代预算制度,要按照高质量发展的要求,运用先进的理念方法深化改革创新,着力构建涵盖预算编制、预算执行、预算监督和基础支撑等方面科学规范的现代预算制度,促进财政支出结构优化、财政政策效能提升。

第五,坚持统筹发展和安全,牢牢守住不发生系统性风险的底线。健全现代预算制度,要深刻把握我国经济社会发展面临的复杂性和艰巨性,牢固树立底线思维,平衡好促发展和防风险的关系,既注重壮大财政实力,为宏观调控提供充足资源保障,也把握好预算支出时度效,增强风险防范化解能力。①

---

① 刘昆.健全现代预算制度.人民网,2022-12-12.

第二章
预算编制：全面完整

完整性是现代预算最基本的要求，也是编制政府预算、进行预算管理必须遵守的重要原则之一。陈共教授将预算的完整性原则表述为："该列入国家预算的一切财政收支都要反映在预算中，不得打埋伏、造假账，国家允许的预算外收支，可以另编预算外收支预算，也应在国家预算中有所反映。"[1] 政府收入和支出全部纳入预算，实行全口径预算管理，设置完善的政府预算体系，是建立现代预算制度的基本前提。

一、预算编制概述

（一）预算编制的内涵

预算编制是一个资源配置过程，包含三个层次：一是总财力约束，政府支出总额应与政府收入总额密切相关；二是根据战略重点配置资源，应适当分配支出，以符合同期政府有关政策的重点要求；三是在战略重点实施中高效利用资源，用最小的成本达到预期结果。

---

[1] 陈共. 财政学. 10版. 北京：中国人民大学出版社，2020.

（二）预算编制技术

预算编制技术是指预算的编制方法，具体包括预算收支表的编制形式或预算支出指标的拟定方法。

1. 按预算组织形式分为单式预算和复式预算

单式预算又称"单一预算"，是将预算年度内的全部预算收支汇总编制在一个预算平衡表内，即国家的财政收支计划通过统一的一个计划表格来反映。在国家预算产生后的相当长时期内，世界上的大多数国家均采用这种预算组织形式。我国各级政府一直采用单式预算，直到1992年中央政府和省级政府才开始采用复式预算。单式预算的整体性强，年度预算收支全貌和平衡状况可以一目了然，便于提供整体信息和了解全貌。但是，由于单式预算不加区分地把不同性质的预算收支项目统编在一个预算内，既不利于财政部门对不同性质的财政收支进行分别管理，又不利于政府对财政活动进行分析检查。

复式预算是将预算年度内的全部预算收入和预算支出按经济性质进行划分，分别加以汇集，然后编制成两个或两个以上的预算收支平衡表，即国家的财政收支计划通过两个或两个以上的预算收支平衡表来反映。采用复式预算，一方面便于考核预算资金的来源和用途，另一方面也有利于分析预算收支对社会需求的影响。采用复式预算使得资本预算投资的伸缩性较大，有助于使预算成为促进经济发展的强有力杠杆，有利于提高就业水平。但复式预算中资本支出的资金来源主要依赖举债，如果举债的规模控制不当，容易导致通货膨胀、物价上涨，并影响国民经济的稳定。

2. 按预算编制方法分为增量预算和零基预算

增量预算是指在安排预算年度收支指标时，以上年度或基期的预算收支执行情况为基数，考虑预算年度国家政策变化、财力增加额及支出实际需要量等因素，确定一个增减率，以测算预算年度内的有关收支指标，并据以编制预算。其基本公式可表示为：

$$\frac{预算年度某项收支数额}{上年度或基期该项收支的基数} \times (1 \pm 增减率)$$

使用增量预算的预算编制方法称为增量预算法，又称基数法，是我国预算编制过程中的常用方法之一。世界上有不少国家使用增量预算，我国直到现在还在相当大的范围内使用这种方法。

零基预算是指在编制预算时，对预算收支指标的安排应根据当年预算政策要求、财力状况和经济与社会事业发展需要重新核定，而不考虑该指标在以前年度的收支状况或基数。美国农业部早在20世纪60年代就曾使用过零基预算。在实践中，零基预算对有关预算收支的安排也不完全是重新审查、从头开始，有时是在原预算的基础上提出一组备选方案，以供决策参考，比如为减少某项收支，在备选方案中至少有一个方案是低于原预算的。零基预算收支安排不受以往年度收支的约束，因而预算编制有较大的回旋余地，可突出当年政府经济社会政策的重点，充分发挥预算政策的调控功能，防止出现预算收支结构僵化和财政拖累的情况。

3. 按预算编制的导向分为投入预算与绩效预算

传统的线性预算在编制、执行时需要严格遵守预算控制规则，限制甚至禁止资金在不同预算项目之间转移，因而这类预算反映的是投入，即政府对资源的使用，而不是结果或产出，这类预算就是投入预算。投入预算的政策重点在于如何控制资源的投入和使用，保证预算按预定的规则运行，而不强调是否达到政府的政策目标、投入-产出比如何。投入预算以提供公共服务的组织为单位编制，将拨款分为行政性支出、公共事业支出和专项支出，对行政性支出、公共事业支出实行按管理因素分类的方式，即将人员经费与公用经费分开安排。投入预算有利于预算管理的规范化、制度化，也便于立法机关审议。目前，许多发展中国家和一些发达国家仍将投入预算作为编制预算的主要方式。然而，如果不重视产出、不能有效控制行政机构和人员增长、预算支出效率低下，这些规则的实际意义就会大打折扣。

一般来说，绩效预算是指政府部门先确定需要履行的职能及为履行职能需要消耗的资源，然后在此基础上制定绩效目标，并用量化指标来衡量每项工作在实施过程中取得的成绩和完成情况。其核心是通过制定公共支出的绩效目标，建立预算绩效评价体系，逐步实现对财政资金从注重资金投入的管理转向注重对支出效果的管理。与投入预算相反，绩效预算强调预算投入与结果的关系，其宗旨是有效降低政府提供公共产品的成本、提高财政支出的效率、约束政府支出的扩张，因而又被称为以结果为导向的预算。也就是说，绩效预算的目标是政府工作的"成果"，而不是政府机构的简单产出。例如，修一条公路，即使能够按时、保质完工，但并没有达到缓解交通拥堵状况的设计初衷，则这种投入仍应被视为低效或无效。

4. 按预算作用的时限分为年度预算和多年预算

年度预算是指预算收支计划执行期为一年的预算。传统意义上的政府预算主要是指年度预算。预算的时间跨度称为预算年度或会计年度。由于各国的政治体制和历史文化传统不同，预算年度可以与日历年度一致，也可以不一致，即历年制和跨年制。在编制年度预算时，由于时间间隔较短，一般是当年开始编制第二年的预算，编制单位可根据当年经济社会的发展水平、预算的实际执行情况、下年度政府政策变化等因素，较准确地预测预算收支指标，合理配置资源，实现政府政策目标，满足社会公共需要。与此同时，也便于立法机关审议、批准和监督预算执行。

多年预算是指预算收支计划执行期在两年以上的预算。这种预算实际上是一种对年度预算具有指导功能的财政发展规划。从预算收支的特点分析，有些支出项目需要连续跨年度拨款才能完成，如大型公共设施建设、重大科技攻关项目等，而税收等预算收入的增长在经济运行周期内具有一定的稳定性，因而预算安排在各年度之间需要保持连续性、稳定性，仅通过编制年度预算很难达到这一要求。编制跨年度的滚动预算并与年度预算相衔接，能使预算收支安排既满足当年执行的需要，又便于立法机关审查、批准和监督，还具有前瞻性、连续性，可以提高预算编制的质量与科学性、合理性，为经济和社会发展提供优质的公共服务。从各国编制多年预算的实践看，主要为3～5年的中期预算，长期预算不多。

（三）预算编制的基础

政府收支分类和政府会计是政府预算编制的基础，在政府预算管理过程中具有重要地位，对于建立现代财政制度、建设法治政府、提升国家治理体系和治理能力的现代化具有重要意义。

1. 政府收支分类

政府收支分类是在政府预算管理全过程中统一使用的基础性核算工具，以其独特的地位支配预算事务，它作为政府、部门和单位进行具体预算决策的载体，是汇编预算和决算的前提及实施预算和强化预算管理的基础。如何对政府收支进行科学的分类，涉及政府预算管理的各个环节、层次，关系预算管理的水平与质量。

2. 政府会计

政府会计关注政府的"家底"，其职责是全面反映政府的财务状况、财政能力和财政责任，在加强政府的资产管理和控制债务风险，健全预算管理基础，建立全面规范、公开透明的现代预算制度，促进财政可持续发展等方面，具有重要的基础性作用。

二、预算编制改革

（一）预算体系改革

改革开放40多年来，我国政府预算体系经历了从单式预算到复式预算的转变，而后复式预算又经历了由两本预算到四本预算的改进。考察我国政府预算体系的变迁过程可知，预算外资金的存在一直是困扰我国政府预算体系完整性的重大因素，而"收支两条线"管理制度是规范财政资金管理的一种有效方式，两者对我国政府预算体系的改革具有极为重要的影响和作用。与此同时，我国在预算编制基础及中期财政规划编制等方面进行了改革。

1. 预算外资金改革

预算外资金从形成到取消，从放在预算外管理到纳入预算管理，为完善我国政府预算体系奠定了基础，使得全口径预算管理前进了一大步。

（1）预算外资金项目的演变。根据1983年财政部颁发的《预算外资金管理试行办法》，预算外资金是指根据国家财政制度、财务制度规定，不纳入国家预算，由各地方、各部门、各企业事业单位自收自支的财政资金。预算外资金未放在预算内管理。预算外资金形成于新中国成立初期，已经历了70多年的发展和变化。从2011年1月1日起，我国将按预算外资金管理的收入全部纳入预算管理。预算外资金项目经历了一系列演变，见表2-1。

表2-1 我国预算外资金项目的演变

年份	预算外资金项目
1950年	乡镇自筹：公粮附加收入 机关生产收入：行政事业单位的生产收入、屯垦部队农场机关与部队的菜园收入、民政部门所属的生产单位和劳改企业收入

续表

年份	预算外资金项目
1953—1957年	企业管理的专项基金：企业奖励基金、福利基金、大修理基金 事业收入：地方开征的工商税附加、公路养路费、养河费、育林费、中小学校的杂费等 行政事业单位的零星杂项收入
1958—1960年	工商税附加、农业税附加、城市公用事业附加、养路费、育林基金、勤工俭学收入、企业利润留成、企业的大修理基金、县（市）以自筹资金举办的企业收入、劳改企业收入、社会集资收入等
1961—1965年	全民所有制企业全部纳入国家预算，停止实行企业利润留成制度
1966—1977年	企业折旧基金 新建的县办"五小"企业在两三年内将实现利润的40%留作预算外资金管理
1978—1985年	企业基金、企业利润留成、企业折旧基金、一部分税后利润、行政事业性收费（教育费附加、车辆购置费附加）、学校基金（中小学在教育改革中开办的工厂、农场经营所得）
1986—1992年	地方财政部门按国家规定管理的各项附加收入；事业、行政单位自收自支的不纳入国家预算的资金；国营企业用其主管部门管理的各种专项资金；地方和中央主管部门所属的预算外企业收入；其他按照国家规定不纳入预算的各种收入
1993—1995年	法律法规规定的行政事业性收费、基金和附加收入等；国务院或省级人民政府及其财政、计划（物价）部门审批的行政事业性收费；国务院以及财政部审批建立的基金、附加收入等；主管部门从所属单位集中的上缴资金；用于乡镇政府开支的乡自筹和乡统筹资金；其他未纳入预算管理的财政性资金。在国家财政建立社会保障预算制度以前，社会保障基金先按预算外资金管理制度进行管理
1996—2001年	行政事业性收费、政府性基金收入、乡自筹和乡统筹资金、国有企业和主管部门收入及其他收入，其中主要是行政事业性收费
2002—2010年	实行"收支两条线"管理，以非税收入取代预算外资金
2011年以后	从2011年1月1日起，将按预算外资金管理的收入全部纳入预算管理，取消预算外资金。2014年修正的《预算法》删除了"预算外资金"的表述

资料来源：根据相关文件整理。

（2）预算外资金规模的变化。预算外资金形成于新中国成立初期，但规模较小，随着1979年之后的放权让利改革，预算外资金的规模越来越大。预算外资金经历了新中国成立初期的初步形成和发展阶段、改革开放初期到1993年之前的迅速膨胀阶段以及1993—2010年的逐步规范阶段。预算外资金虽几经变化，我国也对其进行过清理整顿，但作为我国政府财力的一个重要组成部分，它始终存在，并显著影响着我国政府预算的完整性。1952—2010年我国预算外资金的规模见表2-2。1952—2010年我国的预算外收入和预算收入见图2-1。1952—2010年我国预算外收入与预算收入的比例见图2-2。

表2-2　1952—2010年我国预算外资金的规模

序号	年份	预算外收入（亿元）	预算收入①（亿元）	预算外收入与预算收入的比例（%）
1	1952	13.62	173.94	7.83
2	1953	8.91	213.24	4.18
3	1954	14.23	245.17	5.80
4	1955	17.02	249.27	6.83
5	1956	21.42	280.19	7.64
6	1957	26.33	303.20	8.68
7	1958	55.99	379.62	14.75
8	1959	96.55	487.12	19.82
9	1960	117.78	572.29	20.58
10	1961	57.40	356.06	16.12
11	1962	63.63	313.55	20.29
12	1963	51.85	342.25	15.15
13	1964	65.86	399.54	16.48
14	1965	75.56	473.32	15.96
15	1966	81.13	558.71	14.52
16	1967	83.61	419.36	19.94
17	1968	77.44	361.25	21.44
18	1969	87.42	526.76	16.60
19	1970	100.94	662.90	15.23
20	1971	118.56	744.73	15.92
21	1972	134.24	766.56	17.51

续表

序号	年份	预算外收入（亿元）	预算收入（亿元）	预算外收入与预算收入的比例（%）
22	1973	191.29	809.67	23.63
23	1974	219.72	783.14	28.06
24	1975	251.48	815.61	30.83
25	1976	275.32	776.58	35.45
26	1977	311.31	874.46	35.60
27	1978	347.11	1 132.26	30.66
28	1979	452.85	1 146.38	39.50
29	1980	557.40	1 159.93	48.05
30	1981	601.07	1 175.79	51.12
31	1982	802.74	1 212.33	66.21
32	1983	967.68	1 366.95	70.79
33	1984	1 188.48	1 642.86	72.34
34	1985	1 530.03	2 004.82	76.32
35	1986	1 737.31	2 122.01	81.87
36	1987	2 028.80	2 199.35	92.25
37	1988	2 360.77	2 357.24	100.15
38	1989	2 658.83	2 664.90	99.77
39	1990	2 708.64	2 937.10	92.22
40	1991	3 243.30	3 149.48	102.98
41	1992	3 854.92	3 483.37	110.67
42	1993	1 432.54	4 348.95	32.94
43	1994	1 862.53	5 218.10	35.69
44	1995	2 406.50	6 242.20	38.55
45	1996	3 893.34	7 407.99	52.56
46	1997	2 826.00	8 651.14	32.67
47	1998	3 082.29	9 875.95	31.21
48	1999	3 385.17	11 444.08	29.58
49	2000	3 826.43	13 395.23	28.57

续表

序号	年份	预算外收入（亿元）	预算收入（亿元）	预算外收入与预算收入的比例（%）
50	2001	4 300.00	16 386.04	26.24
51	2002	4 479.00	18 903.64	23.69
52	2003	4 566.80	21 715.25	21.03
53	2004	4 699.18	26 396.47	17.82
54	2005	5 544.16	31 649.29	17.52
55	2006	6 407.88	38 760.20	16.53
56	2007	6 820.32	51 321.78	13.29
57	2008	6 617.25	61 330.35	10.79
58	2009	6 414.65	68 518.30	9.36
59	2010	5 794.42	83 101.51	6.97

资料来源：各年《中国统计年鉴》。

注：① 这里的预算收入是指国家财政决算收入。

特别是在2001—2010年期间，我国加快了对预算外资金管理规范的步伐。2001年，国务院办公厅转发财政部《关于深化收支两条线改革进一步加强财政管理的意见》；2004年，《财政部关于加强政府非税收入管理的通知》明确提出政府非税收入的概念，出现了非税收入逐步取代预算外资金的势头。2006年12月26日，国务院办公厅发布《关于规范国有土地使用权出让收支管理的通知》，首次明确土地出让收支的管理问题，规定从2007年1月1日起，国有土地出让收入全部缴入地方国库，支出一律通过地方基金预算从土地出让收入中予以安排，实行彻底的"收支两条线"管理。2008年，彩票公益金等纳入基金预算管理。在1996年以后，全国预算外收入与全国预算收入的比例不断下降，2010年降至6.97%。2010年6月1日，财政部发布《关于将按预算外资金管理的收入纳入预算管理的通知》，规定从2011年1月1日起，将按预算外资金管理的收入全部纳入预算管理，全面取消预算外资金。

现代 预算制度建设

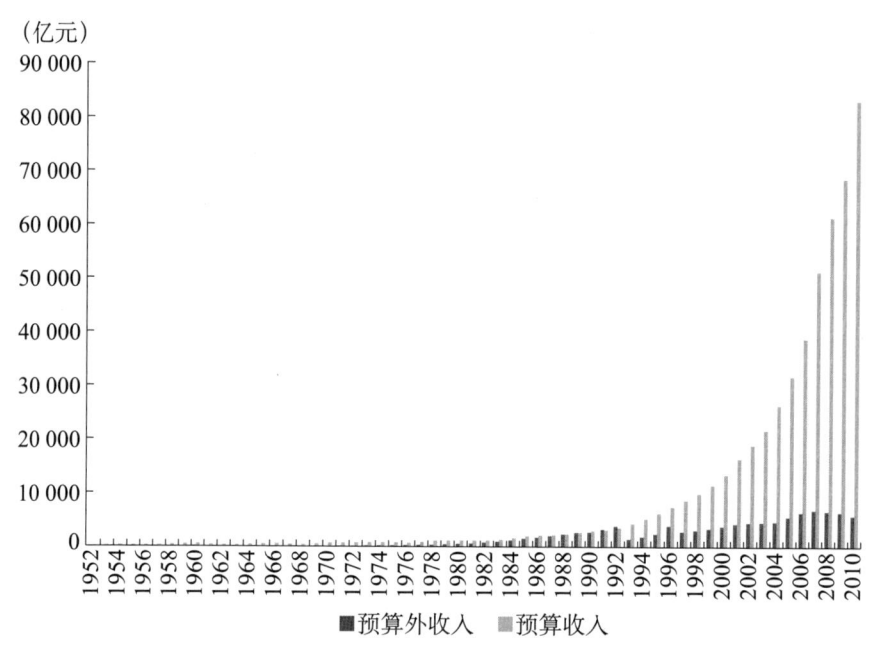

图 2-1 1952—2010 年我国的预算外收入和预算收入①

资料来源：各年《中国统计年鉴》。
注：① 这里的预算收入是指国家财政决算收入。

图 2-2 1952—2010 年我国预算外收入与预算收入的比例

资料来源：根据《中国统计年鉴》的相关资料计算绘制。

预算外资金在总量上经历了由少到多的过程，而预算外资金与当

第二章　预算编制：全面完整

年全国预算收入的比例经历了由低到高、再由高到低的变化趋势，这个变化趋势从某种程度上也反映了我国政府预算体系由相对完整到不完整、再到比较完整的变迁历程。可以说，预算外资金曾作为我国政府的"第二财政"，在我国经济发展中起到了十分积极的作用，为各级政府提供了必要的财力支持，但因其种类多、规模大、管理混乱，冲击了正常的财政收支，破坏了政府预算的完整性。随着财政预算管理改革的不断深入，我国将预算外资金全部纳入预算管理，使全口径预算管理迈出实质性的一步，为完善我国政府预算体系打下了坚实基础。

（3）预算外资金管理方式的改革。我国预算外资金管理方式的变化情况如下：

1）放在预算外管理，财政专户[①]储存。为了加强预算外资金的管理，1986年国务院出台了《关于加强预算外资金管理的通知》，要求对预算外资金实行规范管理，各级政府和财政部门据此相继实行了计划管理、财政审批、专户储存、银行监督的管理办法，使得财政专户衍生成专项资金及预算外资金两大专户体系。

2）部分预算外资金纳入预算管理，建立预算外资金收支预决算制度，实行"收支两条线"。针对预算外资金制度与管理中存在的问题，1996年7月国务院颁布了《关于加强预算外资金管理的决定》，系统地规定了预算外资金管理的政策措施，指明了预算外资金管理的工作方向，标志着我国预算外资金管理工作进入一个新的阶段。

3）全部纳入预算管理。2010年6月，财政部颁发《关于将按预

---

① 财政专户是指财政部门根据有关政策和制度的规定，将政府履行公共管理和公共服务职能的资金存放在各商业银行或基层信用社，实行专项管理、专项核算、专款专用的一种财政性专项资金账户。它是在解决财政收支困难、保障国家专户资金得以合理运用的基础上产生的。

算外资金管理的收入纳入预算管理的通知》，决定从 2011 年 1 月 1 日起，除教育收费纳入财政专户管理外，将按预算外资金管理的收入全部纳入预算管理。此举意味着从 2011 年开始，预算外资金成为历史，我国的财政管理进入全面综合预算管理的新阶段。2014 年修正的《预算法》删除了"预算外资金"的表述，意味着预算外资金成为历史。2016 年，财政部印发的《政府非税收入管理办法》决定将非税收入全部上缴国库，并于 2016 年 3 月后将全部非税收入归入国库，统一实行预算管理。最终，非税收入财政专户要合并到国库单一账户中。

（4）预算管理制度改革加快了预算外资金纳入预算管理的进程。自 1998 年以来，我国启动了包括部门预算、国库集中收付制度、"收支两条线"、政府收支分类改革等一系列预算管理改革，与预算外资金密切相关，推进了预算外资金管理改革，把预算外资金收入"囊"中。2000 年我国实施的部门预算，涵盖了部门或单位所有的收入和支出，把一个部门的全部收支都纳入进来，为加强预算外资金管理，乃至最终取消预算外资金奠定了基础。

（5）实行"收支两条线"，彻底铲除"坐收""坐支"。2001 年，《国务院办公厅转发财政部关于深化收支两条线改革进一步加强财政管理意见的通知》指出，"将对纳入预算管理的其他非税收入和税收收入收缴制度实施改革"，并从以下三个方面深化"收支两条线"改革：一是要将各部门的预算外收入全部纳入财政专户管理，有条件的纳入预算管理，任何部门不得"坐收""坐支"。二是部门预算要全面反映部门及所属单位预算内外资金收支状况，提高各部门支出的透明度。同时，财政部门要合理核定支出标准，并按标准足额供给经费。三是要根据新的情况，修订、完善有关法规和规章制度，使"收支两条线"管理工作法制化、制度化、规范化。

（6）非税收入取代预算外资金。长期以来，我国一直使用预算外资金的概念和口径。在国家正式文件里,最早出现"非税收入"一词是在《财政部、中国人民银行关于印发〈财政国库管理制度改革试点方案〉的通知》中。此后,2003年5月发布的《财政部、国家发展改革委、监察部、审计署关于加强中央部门和单位行政事业性收费等收入"收支两条线"管理的通知》中,第一次对"非税收入"概念提出了一个较明确的界定:"中央部门和单位按照国家有关规定收取或取得的行政事业性收费、政府性基金、罚款和罚没收入、彩票公益金和发行费、国有资产经营收益、以政府名义接受的捐赠收入、主管部门集中收入等属于政府非税收入。"在此后的财政管理中,开始用非税收入管理来取代预算外资金管理。从现有的财政统计口径看,非税收入包括了一般预算的非税收入、基金预算收入和预算外财政专户资金收入。无论是税收收入还是非税收入,都统一放入政府收支分类这个大盘子中,并结合部门预算,使全部政府收支都实现预算管理。2007年政府收支分类改革,在政府收入分类中设置了非税收入类,这是加强预算外资金管理的关键一步,并使预算外资金淡出财政统计数据。

2. 预算体系改革

从1978年至今,我国政府预算体系经历了由单式预算到复式预算的转变(见表2-3),这一转变与我国由计划经济体制向社会主义市场经济体制转轨密切相关。

表2-3　1950年至今我国政府预算体系的变迁情况[①]

年份	预算体系形式	预算体系组成	说明
1950—1953年	单式预算	国家预算	相对完整。实行高度集中的财政体制,几乎所有的收支都纳入国家预算

---

① 曾称"一般预算"。因此,长期以来,所谓的预算管理就是指一般公共预算管理。

续表

年份	预算体系形式	预算体系组成	说明
1953—1992年	单式预算	国家预算	不完整。预算外资金规模越来越大，成为第二预算，与国家预算"分庭抗礼"
1992年	复式预算	经常性预算、建设性预算	不完整。1992年预算外收入相当于当年国家预算收入的110.67%
1993—1995年	复式预算	政府公共预算、国有资本经营预算，并可根据需要建立社会保障预算和其他预算	不完整。没有将事实上存在且规模颇大的未纳入一般预算的政府收支涵盖进来，分成预算内资金管理与预算外资金管理
1995年	复式预算	政府公共预算、国有资产经营预算、社会保障预算和其他预算	不完整。除了部分地方编制国有资本经营预算外，有些地方并没有真正编制国有资本经营预算，社会保障预算也没有真正独立编制过（中央政府提交全国人民代表大会的也只是社会保险预算）
1998年	复式预算	政府公共预算、国有资本金预算和社会保障预算	不完整。1998年，国务院印发的财政部"三定"方案要求改进预算制度，强化预算约束
2007年	复式预算	开始编制国有资本经营预算	2010年，国有资本经营预算首次列入全国人民代表大会的审议和表决程序。财政部首次对外公布中央国有资本经营预算收入表、支出表及说明。2013年，中央和地方国有企业经营预算实现合并
2009年	复式预算	全面编制中央和地方政府性基金预算	从2010年起，财政部正式向全国人民代表大会编报政府性基金预决算。2010年财政部颁布了《政府性基金管理暂行办法》，对政府性基金的概念、申请和审批程序、征收和缴库、预决算管理、监督检查与法律责任五部分做了明确规定，并要求2011年1月1日正式施行
2010年	复式预算	试行编制社会保险基金预算	2013年首次将全国社会保险基金预算提交全国人民代表大会审议

续表

年份	预算体系形式	预算体系组成	说明
2000—2014年	复式预算	一般公共预算、政府性基金预算、国有资本经营预算和社会保险基金预算	比较完整。至少已经在形式上把政府收支纳入预算管理。按照一般公共预算、政府性基金预算、国有资本经营预算和社会保险基金预算等分类提交到全国人民代表大会审议，接受全国人民代表大会的审查监督
2014年至今	复式预算	一般公共预算、政府性基金预算、国有资本经营预算和社会保险基金预算	比较完整。《预算法》第五条规定：一般公共预算、政府性基金预算、国有资本经营预算、社会保险基金预算应当保持完整、独立。政府性基金预算、国有资本经营预算、社会保险基金预算应当与一般公共预算相衔接。这三种预算都应当与一般公共预算衔接，并突出后者在全口径预算管理中的主导地位，从而促进预算体系的完整

资料来源：根据相关资料整理。

（1）1991年以前：单式预算。1951年，政务院发布了《预算决算暂行条例》，对预算的基本原则、预算的编制及核定、预算的执行、决算的编制及审定等做了规定。1954年制定的《中华人民共和国宪法》所规定的全国人民代表大会行使的职权就包括审查和批准国家的预算和决算。受多种因素的影响，我国预算管理制度曾长期处于不正常的运行状态。直到改革开放之后的1979年，我国才正式恢复预算编制并向全国人民代表大会提交国家预算报告。1979—1991年我国预算管理制度开始恢复重建。经济建设与市场化改革的同步进行，使财政支出压力陡增，预算平衡不断受到挑战。与此同时，作为"财政资金"的预算外资金规模的扩大，使得既有制度无法适应管理的需要。在这一阶段，计划经济时代的国家预算管理功能定位对预算管理工作影响较大，与此相适应，我国各级政府从1951年至1991年一直采用单式预算。

这个时期的政府预算体系不完整，预算外资金规模越来越大，成为第二预算，与国家预算"分庭抗礼"，见表2-2。

（2）1992年至今：复式预算。

1）两本预算，即经常性预算+建设性预算。1991年，为加强国家预算管理，强化国家预算的分配、调控和监督职能，促进经济和社会的稳定发展，国务院发布了《国家预算管理条例》（以下简称《条例》），并从1992年1月1日起施行。《条例》要求：各级人民政府、各部门、各单位应在每一预算年度之前按照规定编制预算草案；国家预算按照复式预算编制，分为经常性预算和建设性预算两部分。

2）三本预算，即政府公共预算+国有资本金预算+社会保障预算。为适应社会主义市场经济体制下不同资金的管理需要，我国初步形成了复式预算体系。在1992年编制经常性预算与建设性预算的基础上，从1993年开始，我国对复式预算进行了改革。1993年，《中共中央关于建立社会主义市场经济体制若干问题的决定》要求改进和规范复式预算制度，建立政府公共预算和国有资本经营预算，并可以根据需要建立社会保障预算和其他预算。1994年通过的《预算法》要求中央预算和地方各级政府预算按照复式预算编制。1995年的《中华人民共和国预算法实施条例》进一步将复式预算分为政府公共预算、国有资产经营预算、社会保障预算和其他预算。1998年，国务院印发的财政部"三定"方案要求改进预算制度、强化预算约束，逐步建立起政府公共预算、国有资本金预算和社会保障预算制度。

3）四本预算，即一般公共预算+政府性基金预算+国有资本经营预算+社会保险基金预算。2000年以后，为了规范公共资金管理，预算管理制度逐步健全，复式预算体系进一步完善。2003年10月，党的十六届三中全会审议通过了《中共中央关于完善社会主义市场经济体制若干问题的决定》，并提出"实行全口径预算"，积极构建公共财政体制框架，并致力于将所有政府收支纳入预算管理，旨在以规范政府收支为突破，进而重构政府预算体系。

第一，编制政府性基金预算。2010年9月10日，为加强政府性基金管理，财政部发出《关于印发〈政府性基金管理暂行办法〉的通知》。《政府性基金管理暂行办法》要求政府性基金收支纳入政府性基金预算管理，并对预算管理做了全面的规定。

第二，编制国有资本经营预算。2003年，《中共中央关于完善社会主义市场经济体制若干问题的决定》提出"建立国有资本经营预算制度"，从此"国有资产经营预算"和"国有资本金预算"不再采用。2005年，《中共中央关于制定国民经济和社会发展第十一个五年规划的建议》提出：坚持和完善基本经济制度，加快建立国有资本经营预算制度，建立健全金融资产、非经营性资产、自然资源资产等监督体制。2007年，《国务院关于试行国有资本经营预算的意见》规定：中央本级国有资本经营预算从2008年起试行。2010年，中央国有资本经营预算首次提交全国人民代表大会（以下简称"全国人大"）审议。十一届全国人大三次会议通过了《关于2009年中央和地方预算执行情况与2010年中央和地方预算草案的审查结果报告》，提出"2011年，地方试编国有资本经营预算"。2010年5月17日，财政部发布《关于推动地方开展试编国有资本经营预算工作的意见》，从此地方试编国有资本经营预算工作也有了统一的规范。2017年，财政部修订完善了《中央国有资本经营预算编报办法》。

第三，编制社会保险基金预算。2010年，国务院决定试行社会保险基金预算。2013年，财政部首次向全国人大报送社会保险基金预算。自此，社会保险基金预算管理进入了新阶段。

经过多年的财政改革与探索，我国基本实现了全口径预算管理，建立了由一般公共预算、政府性基金预算、国有资本经营预算和社保险基金预算组成的政府预算体系。

（二）预算编制基础改革

1. 政府收支分类改革

新中国成立以后，特别是自改革开放以来，我国政府收支分类科目一直处于不断改革的进程中，随着计划经济体制向市场经济体制转轨、政府收支的全口径预算管理以及政府预算体系的完善，政府收支科目的称谓经历了由国家预算收支科目到政府预算收支科目，再到政府收支分类科目的变化，其在政府预算管理中的地位和作用日益凸显。

（1）1998年以前的国家预算收支科目。1950—1992年10月我国处于计划经济时期，国家预算按单式预算编制，只有一本预算，预算收支科目设置强调按部门归口管理。这个时期的国家预算收支科目从结构上按"两列五级"①设置。1992年10月，党的十四大召开，确定了我国经济体制改革的目标是建立社会主义市场经济体制；从1994年开始，在财政税收领域实行分税制财政管理体制和大规模的税收制度改革；为适应社会主义市场经济体制下不同资金的管理需要，国家预算体系进行了调整，初步形成了复式预算体系，而国家预算收支科目的调整与时俱进。这个时期的国家预算收支科目在结构上仍按"两列五级两部分"设置，"两列"和"五级"与此前基本相同，但"两部分"是指国家预算收支科目划分为一般预算收支科目和基金预算收支科目两大部分。

---

① "两列"是指国家预算收支科目首先划分为预算收入科目和预算支出科目两大部分；"五级"是指两列科目按涉及范围大小及管理的需要又分为五个层次，由大到小依次划分为类、款、项、目、节，类级科目下分设若干款级科目，款级科目下分设若干项级科目，依此类推，前者是后者的概括和总结，后者是前者的具体化和补充。

（2）1998—2007年的政府预算收支科目。在这个时期，预算收支科目的称谓发生了改变，从国家预算收支科目改为政府预算收支科目。1998年，在财政部每年修订一次的预算收支科目表中，将原来的"国家预算"改为"政府预算"，但当时以及此后的文献中并未对这种变化的原因加以说明。此后，我国开始使用政府预算收支科目替代原来的国家预算收支科目，并持续到2006年。这一变化也反映在财政的理论研究中，使用"政府预算"概念的学者逐渐多了起来，但仍有一部分学者沿用"国家预算"这一概念。从"国家预算"到"政府预算"的概念演变过程，是从计划经济走向市场经济，从传统财政模式走向公共财政模式的客观要求。作为预算管理的基础和重要工具，预算收支科目的称谓就从计划经济体制下的国家预算收支科目演变为市场经济体制下的政府预算收支科目了。1998—2007年的政府预算收支科目按"两列五级三部分"设置，"两列"和"五级"与此前基本相同，但1998年修订后的政府预算收支科目分为一般预算收支科目、基金预算收支科目和债务预算收支科目"三部分"。

（3）2007—2018年的政府收支分类科目。随着"收支两条线"制度的有效实行，预算外资金逐步纳入预算管理，全口径预算管理的概念被认可，政府的所有收支都要放在一个笼子里。从2007年起，我国不再使用政府预算收支科目，替代它的是政府收支分类科目。2007年进行的政府收支分类改革是自新中国成立以来在财政分类统计体系方面进行的最重大的一次调整，也是我国预算管理制度的一次重要改革。新的政府收支分类科目由"收入分类"+"支出功能分类"+"支出经济分类"三部分构成。新的政府收支分类与原预算收支分类相比，其分类更加科学和规范，涵盖的内容和范围进一步扩大，使用也比较方便，有利于预算的公正、公开、细化、透明。

（4）从2018年1月1日起的经济支出分类改革。为了更好地贯彻落实《预算法》，实施全面规范、公开透明的预算制度，2016 年 10 月财政部印发了《支出经济分类科目改革试行方案》，从 2018 年 1 月 1 日起开始施行，原支出经济分类科目"一变二"，即政府预算支出经济分类 + 部门预算支出经济分类。改革后的支出经济分类科目与预算管理改革及发展的实际紧密结合，坚持问题导向，力求做到政府管到哪里，科目的设置就延伸到哪里，初步建立起政府预算经济分类和部门预算经济分类相互独立、各有侧重、统分结合的经济分类体系，同时这两套科目之间保持对应关系，以便政府预算和部门预算相衔接。

在 2018 年后，政府收支分类科目由一般公共预算收支科目、政府性基金预算收支科目、国有资本经营预算收支科目、社会保险基金预算收支科目、政府预算支出经济分类科目、部门预算支出经济分类科目构成，已经形成一套比较完善的政府收支分类科目体系。

2. 政府会计改革

改革开放 40 多年来，随着计划经济体制转轨为社会主义市场经济体制，财税体制、金融体制、行政事业单位的财务管理体制等均发生了很大变化，我国对政府会计制度进行了多次修订和改进，特别是在 1998 年和 2015 年分别实施了较大的改革：1998 年的改革建立了现行预算会计制度体系；2015 年全面推进了政府会计改革，建立了我国政府会计标准体系，将政府会计视为治理国家的基石和重要组成部分，并使政府会计和财务报告的目标从深化财政改革的层面，上升到协助国家治理的层面，从而夯实了国家治理体系和治理能力现代化的重要基础。截至 2022 年，我国已建立了较为完整的政府会计标准体系（见图 2-3），这是我国预算管理制度的重大创新，对于加强公共资金管理、推进国家治理体系和治理能力现代化具有非常重要的意义。

图 2-3　政府会计标准体系

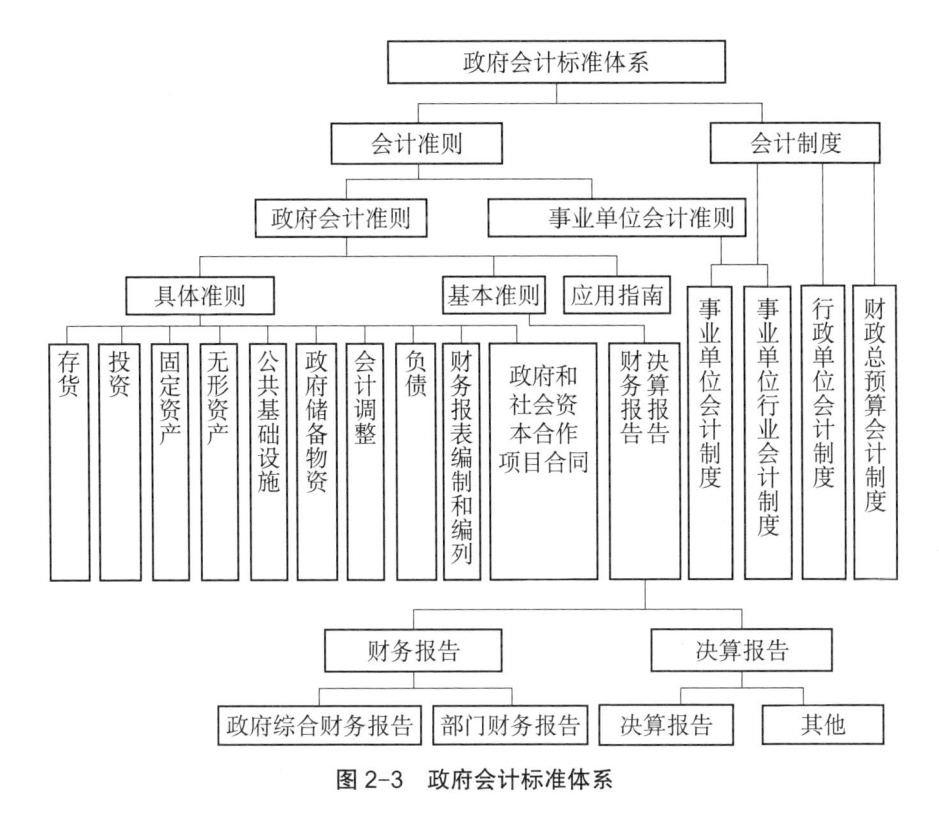

资料来源：王国生.政府会计学.北京：北京大学出版社，2017；新近颁布的《政府会计准则》。

（三）预算编制管理改革

从预算管理流程来看，预算编制管理是整个流程的起点，也是预算管理的重要组成部分。"好的开始是成功的一半"，这句俗语对于预算管理来说恰如其分。自1999年以来，我国在预算编制方面实行了部门预算、零基预算、中期财政规划编制等多项改革，使预算编制具备了全口径、规范化、制度化、精准化的新格局，为建立我国现代预算制度夯实了基础。

1.预算编制模式改革：实行部门预算

部门预算改革是预算编制模式的改革，其核心内容是以预算部门为预算编制单元和依托，一个部门编制一本预算，涵盖部门所有的收支，强调政府收支的全口径管理。

1999年以前我国实行的是传统预算编制模式[①]，与当时的政府职能和财政制度相适应，起到了应有的作用。随着政府职能的转换和公共财政框架的建立，传统预算编制模式弊病凸显：首先，是资金切块管理，口径覆盖不全，各部门并没有一本统一的预算，经费按行政经费、事业经费、基本建设经费等不同性质分成若干类，分别由部门下属不同单位切块管理。财政部门也不掌握各支出部门的全部收支，审批的仅仅是财政拨款，而对于预算外资金和政府性基金，基本上仍由单位自行安排。这种情况使预算外资金和政府性基金游离于财政监督之外，也游离于全国人大的监督之外，容易形成单位发放福利的"小金库"。其次，预算编制简单、方法不科学，长期采用基数法编制预算，固化了财政资金的分配格局。最后，存在编制时间短、内容不细化、程序不规范的现象。

部门预算是反映政府部门收支活动的预算，由政府各部门依据国家有关政策规定及其行使职能的需要，由基层单位编制，逐级上报、审核、汇总，经财政部门审核后提交立法机关依法批准的涵盖部门各项收支的综合财政计划。政府预算要落实到每个具体部门，预算管理以部门为依托，财政部将各类不同性质的财政性资金统一编制到使用这些资金的部门。实施部门预算改革，能够解决传统预算编制模式的主要问题，是推动政府预算全口径管理、提高财政预算法治化和透明度的重大举措。

（1）部门预算改革的进程。

第一，1999—2001年是部门预算改革的试点阶段。1999年9月，

---

① 传统的预算编制不以预算部门作为划分标准，而是根据政府的职能和经费性质对开支加以分类并进行预算编制。

财政部发布《关于改进 2000 年中央预算编制的通知》，开始启动部门预算改革。2000 年，所有中央一级预算单位全部编制了部门预算，同时选择农业部、教育部、科学技术部、劳动和社会保障部四个部门作为部门预算的试点单位，也就是向全国人大报送 2000 年预算草案时，还要报送这四个部门的部门预算。

第二，2001—2004 年部门预算改革范围逐步扩大。2001 年，除国防部、安全部和中国人民银行三个特殊部门外，国务院其他 26 个部门的部门预算全部上报全国人大审议，上报的内容进一步细化，形式做了改进。2001 年 7 月，财政部制发了《中央部门基本支出预算管理试行办法》，对预算编制、执行、调整各阶段的时间安排、具体工作事项、预算编制流程中不同责任主体的职能权限等做出具体明确的规定，以使部门预算编制进一步规范。2003 年，编制部门预算的部门不仅包括中央级所有行政单位和部分依照公务员制度管理的事业单位，还新增了 127 个事业单位。

到 2004 年，160 多个中央一级预算单位全部编制了部门预算，国务院向全国人大提交的部门预算从最初的几个扩大到 34 个[①]，2005 年扩大到 35 个，2008 年中央财政对口的 163 个中央部门全部实现了部门预算改革。

与此同时，地方财政的部门预算试编工作也在进行之中。截至 2002 年，全国 36 个省、自治区、直辖市和计划单列市本级财政已全部实行了部门预算，地（市）级、县级正在逐步推进（现在已全部实施部门预算）。[②] 这些改革举措为推行我国预算管理制度改革积累了丰富经验。

---

① 丛明.积极稳妥地推进财税体制改革.河北经济信息网，2005-06-22.
② 安秀梅.公共治理与中国政府预算管理改革.北京：中国财政经济出版社，2005.

（2）部门预算的基本框架。根据现行的预算分类体系，部门预算由部门一般预算和部门基金预算两大部分构成，而每一部分预算又都由收入预算和支出预算构成。其中，部门一般预算的收入内容包括财政拨款收入、预算外资金收入和其他收入，部门一般预算的支出内容由基本支出和项目支出构成；部门基金预算的收支内容主要是政府性基金收入和政府性基金支出。部门预算的基本框架见图2-4。

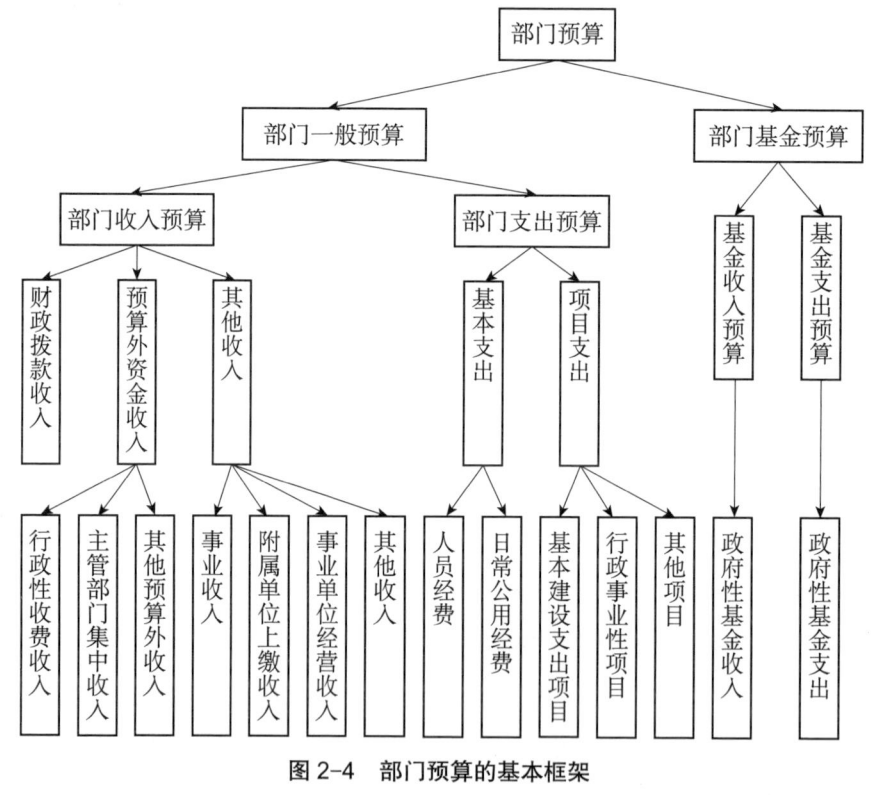

图 2-4　部门预算的基本框架

资料来源：财政部预算司.中央部门预算编制指南（2002年）.北京：中国财政经济出版社，2001.

（3）部门预算在现行预算构成体系中的地位。根据有关法律法规的规定，我国预算构成包括三方面：一是中央政府预算由中央各部门（含直属单位）的预算组成。二是地方预算由各省、自治区、直辖市总预算构成，地方各级总预算由本级政府预算和汇总的下一级总预算组成。没有下一级预算的，总预算就是本级预算。地方各级政府预算由本级各部门（含直属单位）的预算组成。三是各部门预算由本部门所属的各单位预算组成。单位预算是指列入部门预算的国家机关、社会团体和其他单位的收支预算。部门预算在现行预算构成体系中处于支柱地位。

（4）部门预算改革的深化。部门预算改革的目的就是通过规范预算编制方法，建立规范、科学的预算分配机制。从2001年起，财政部开始推进基本支出和项目支出编制试点，将部门预算支出明确划分为基本支出和项目支出两部分。2001年，财政部出台了《中央部门基本支出预算管理试行办法》和《中央部门项目支出预算管理试行办法》，并在2007年对上述两个办法进行了完善，印发了《中央本级基本支出预算管理办法》和《中央本级项目支出预算管理办法》，全面推进按基本支出和项目支出编制部门预算。定员定额是基本支出预算编制的起点，而项目库是项目支出预算编制的终点。

1）对基本支出实行定员定额管理，建立了以定员定额为核心的基本支出标准体系。自2002年以来，通过扩大定员定额试点范围、细化定额项目、完善定额测定方法、调整定额标准，基本支出定员定额标准体系的科学性、规范性不断提高。到编制2010年中央部门预算时，定员定额试点范围已覆盖97家行政单位、112家事业单位、104家参公单位和武警部队6警种。在推进基本支出实行定员定额管理的同时，为促进预算管理与公共资产管理的有机结合，2004年财政部选择了审计署等5个中央部门，率先对行政机关用房和机动车辆进行实物费用定额试点工作。2010年，财政部继续推进实物费用定额项目与预算挂钩，并调整了2010年基本支出公用经费测算方式，按照人员定额和实物定额相结合的方式核定公用经费规模。从编制2012

年部门预算开始，财政部将实物费用定额扩大到所有中央部门本级，建立了人员定额和实物定额相结合的基本支出标准体系，提高了基本支出预算的科学性。

2）加强项目库建设，建立项目支出标准体系。部门预算改革对项目支出预算采取项目库管理方式，从严控制项目规模，并按照项目重要程度，分轻重缓急排序，使项目经费安排与部门事业发展规划和年度工作重点紧密结合。此外，财政部通过组织开展项目清理工作，推动了项目滚动管理。为进一步细化项目支出预算管理，2009年财政部发布了《中央本级项目支出定额标准管理暂行办法》，启动了项目支出标准体系建设工作。2015年财政部围绕项目支出发布了一系列制度文件，大幅推进了项目支出改革的落实，主要包括《关于加强和改进中央部门项目支出预算管理的通知》《中央部门预算绩效目标管理办法》《关于加强中央部门预算评审工作的通知》《关于加快推进中央本级项目支出定额标准体系建设的通知》。2016年财政部制定了《关于进一步做实中央部门预算项目库的意见》，遵循项目支出预算管理新框架的基本原则和总体要求，推进项目管理各项改革措施落地，全面做实项目库。2017年财政部颁布《关于进一步完善中央部门项目支出预算管理的通知》，就进一步完善项目支出预算管理提出了要求。2021年财政部制定了《中央部门项目支出核心绩效目标和指标设置及取值指引（试行）》，进一步推动项目支出管理提质增效。

随着我国项目支出预算管理相关文件的出台，一套程序规范、分配科学、机制完善的项目支出预算管理制度浮出水面。

2. 预算编制方式改革：实行零基预算

零基预算改革是预算编制方式的改革，关注预算计划指标的准确性，其核心内容是改变"基数加增长"的预算分配方式，取消部门预算和专项资金预算基数，实行预算一年一定，在提前编制预算、细化支出内容的基础上，依据财力，按项目确定年度预算，建立"能进能出"的财政资金分配机制，切实提高财政统筹使用能力，强调预算编制的准确性和执行力，确保财政资金用在"刀刃"上。

（1）零基预算的试点阶段（1993—2000年）。中国的零基预算实践始于1993年，湖北、河南、陕西、甘肃、云南、福建、广东和河北八省先后推行零基预算。这些省份实施零基预算的直接动因是控制预算总额，缓解财政压力，加强财政部门对各个部门的预算控制。在这个阶段，我国的零基预算主要用于专项经费方面，对人员经费和公用经费的决策基本没有产生影响。因为人员经费和公用经费事实上属于基数加增长的状态，不能算作零基预算法编制，而且这两部分经费占预算总额的大多数。

（2）零基预算的实施阶段（2000年至今）。1995年颁布的《预算法实施条例》将零基预算的法律地位确立了下来。随着1999年以来部门预算改革在全国的推广，采用零基预算的地方政府越来越多。2000年中央部门预算正式采用零基预算法。2014年我国修订了《预算法》，规定了公开透明、严格审查和监督等的预算思想及原则，进一步完善了零基预算的相关制度，因而越来越多的地方政府采用零基预算，同时预算管理创新层出不穷。[1]

3. 建立跨年平衡机制：实行中期财政规划

基于法定控制的需要，政府预算在传统上都是按年编制的，即预算内容规定了一年的政府收支计划。在编制与执行中，年度预算容易出现缺乏前瞻性、支出政策考虑当前问题较多、财政支出"碎片化"等问题。中期财政规划是预算收支安排超过一年的财政计划，通过采

---

[1] 比如2010年，河北省在省级财政支出预算安排中，实行了彻底的零基预算，打破各口、各部门原有的"基数"，区别各类事项的轻重缓急和比较效益高低，大排队式地审视各项支出，这是该省财政预期将面对更加尖锐的财政收支矛盾而采取的积极举措之一。

取宏观预测、明确发展战略、强化预算上限和进行绩效评估等措施来优化财政资金配置方式,是克服年度预算局限性的有效机制。中期财政规划有利于增强财政政策的前瞻性和财政可持续性,对规划期内一些重点领域的政策及所需动用的政府财力做出统筹安排,每年根据情况变化做相应调整更新,强化其对年度预算的约束,提高预算的统筹能力。

(1) 中央精神、《预算法》的规定及国务院部署。当前,我国经济社会发展面临的国内外环境错综复杂,财政可持续发展面临较多挑战,在年均经济增长速度放缓的情况下,财政收入增速下降,财政收入进入中低速增长的"新常态",与支出刚性增长的矛盾进一步加剧;现行支出政策考虑当前问题较多,支出结构僵化;地方政府性债务存在一定风险隐患;专项规划、区域规划与财政规划衔接不够,不利于预算统筹安排。实行中期财政规划管理,通过逐年更新滚动管理,可以强化财政规划对年度预算的约束性,有利于通过深化改革解决上述问题,实现财政可持续发展,促进经济结构调整和发展方式转变。

2013年11月12日,党的十八届三中全会审议通过的《中共中央关于全面深化改革若干重大问题的决定》提出财政是国家治理的基础和重要支柱,部署了改进预算管理制度等三大任务,明确了建立跨年度预算平衡机制。

2014年6月30日,习近平总书记主持召开中共中央政治局会议,审议通过了《深化财税体制改革总体方案》。会议认为,应当重点推进三个方面的改革,其中之一就是改进预算管理制度,强化预算约束、规范政府行为、实现有效监督,加快建立全面规范、公开透明的现代预算制度。

2014年8月31日,第十二届全国人大常委会第十次会议表决通过了《全国人大常委会关于修改〈预算法〉的决定》。修订后的《预算法》第十二条规定：各级政府应当建立跨年度预算平衡机制。

2014年9月26日，国务院印发《关于深化预算管理制度改革的决定》，主要是根据修订的《预算法》部署进一步深化预算管理制度改革的具体措施，诸如改进预算管理和控制、明确实行中期财政规划管理、改进年度预算控制方式、建立跨年度预算平衡机制。该决定要求财政部门会同各部门研究编制三年滚动财政规划，对未来三年重大财政收支情况进行分析预测，对规划期内一些重大改革、重要政策和重大项目，研究政策目标、运行机制和评价办法。

2015年1月23日，国务院发布《关于实行中期财政规划管理的意见》，贯彻落实了党的十八届三中全会审议通过的《中共中央关于全面深化改革若干重大问题的决定》和《国务院关于深化预算管理制度改革的决定》的相关要求，对实行中期财政规划管理进行了全面布置，明确了总体要求、规划的主要内容、编制主体和程序、组织实施等内容，开启了我国实行中期财政规划管理的时代。这是我国预算管理制度改革乃至财税体制改革的一项重大举措。

2015年3月30日和4月3日，财政部相继印发《关于贯彻落实国务院决策部署 推动地方实行中期财政规划管理的通知》和《关于推进中央部门中期财政规划管理的意见》，就实行中期财政规划管理的总体思路、主要内容、实施范围、时间安排、组织措施、程序方法等做出一系列具体部署。2021年3月发布的《中华人民共和国国民经济和社会发展第十四个五年规划和2035年远景目标纲要》（以下简称《"十四五"规划》）提出，要完善跨年度预算平衡机制，加强中期财政规划管理，增强国家重大战略任务财力保障。

（2）中期财政规划的实践情况。

1）基于年度预算平衡的财政发展计划（1998—2008年）。自"六五"以来，财政部就一直配合"经济和社会发展五年计划纲要"

编制"财政发展五年规划"。早在1998年，为应对亚洲金融危机的不利影响以及加强财政管理工作的前瞻性及防范财政风险，财政部编制了《1998—2002年国家财政发展计划》。2003年，财政部又开始编制《2004—2007年国家财政滚动发展计划》，并组织各省级政府编制地方财政发展三年滚动计划。但由于主客观因素所限，这些规划对年度政府预算和部门预算编制缺乏约束力。

2）发展性支出三年滚动预算编制试点（2008—2013年）。2008年8月，河北省在不断探索财政改革的基础上，着眼于增强预算安排的预见性、主动性和连续性，旨在提高财政资源配置效益，更好地发挥财政促进经济社会持续健康发展的职能。通过借鉴国外预算管理的经验和做法，经过认真筹划，河北省政府出台了《关于推进省级部门发展性支出三年滚动预算编制工作的实施意见》，决定自2009年度起，从水利厅、卫生厅等15个省级预算部门开始，逐步推进发展性支出三年滚动预算编制工作，要求各预算部门提前编制中长期发展规划，然后据此编制三年滚动预算建议计划，同时建立发展性支出三年滚动项目库，拟将其作为核心内容编制发展性支出中期滚动预算，在达到预期效果后再扩展到所有财政资金的整个预算。河北省在试行中期预算方面开始了破冰之举，并取得了一定经验。

3）基于跨年度预算平衡的中期财政规划（2013年至今）。自2013年11月党的十八届三中全会以来，党中央、全国人大、国务院从国家治理现代化和构建现代财政制度的高度在国家层面启动了中期财政规划管理，使得这项改革从研究准备、探索试行进入全面实施阶段。2014年，财政部要求全国各地启动2015—2017年三年期滚动预算编制。2015年3月30日和4月3日，财政部相继制发《关于贯彻落实国务院决策部署 推动地方实行中期财政规划管理的通知》和《关于推进中央部门中期财政规划管理的意见》，就实行中期财政规划管理的总体思路、主要内容、组织措施、程序方法等做出一系列具体部署，使我国的中期财政规划管理改革自上而下地广泛开展起来。2015年，国务院将启动中期财政规划管理列为深化财税体制改革的重点任务，各省级政府正式启动"2016—2018年中期财政规划"编制工作，市、县级政府则根据地方政府预算管理实际，陆续从2016年或2017年开始试编。2021年，《"十四五"规划》提出中期财政规划管理需要进一步改革和完善，并要求中期财政规划能够匹配国家重大战略任务的财力保障。经过多年的连续编制，省（市、县）各级政府开展了较多探索与实践，至2022年已初步形成了适应我国国情的中期财政规划框架。

三、预算编制现状

（一）我国已初步建立了适应国家治理现代化的复式预算体系

2013年11月，党的十八届三中全会对于深化财税体制改革做出了系统部署，提出财政是国家治理的基础和重要支柱，而现代政府预算制度是现代财政制度的基础（楼继伟，2014）。预算编制科学完整、预算执行规范有效、预算监督公开透明，三者有机衔接、相互制衡，是现代预算管理制度的核心内容。其中，预算编制科学完整是现代预算管理制度的基础，也是在国家治理视域下建立政府预算体系、落实全口径预算的基本要求。《预算法》第四条规定，政府的全部收入和支出都应当纳入预算。第五条规定，预算包括一般公共预算、政府性基金预算、国有资本经营预算、社会保险基金预算，从而在法律上明确了我国政府预算体系的组成。2014年9月26日，国务院印发《关于深化预算管理制度改革的决定》，主要是根据2014年修订的《预算法》部署进一步深化预算管理制度改革的具体措施，把完善政府预算体系作为全面推进预算管理制度改革的首要工作。2014年11月，《财政部关于完善政府预算体系有关问题的通知》等文件相继发布，进一步细化了预算体系的范围、内容等。预算体系改革的总方向定位于"全面规范、公开透明"。

随着社会主义市场经济体制逐渐完善，政府与市场关系明晰，政府职能明确，政府预算体系与时俱进，经历了从单式预算到复式预算的转变。迄今为止，我国已形成包含一般公共预算、政府性基金预算、国有资本经营预算和社会保险基金预算的政府预算体系，但从目前的情况来看，仍然存在一些问题。

1. 现行四本预算：缺口与重合并存

（1）现行四本预算未实现全口径预算管理。在现行四本预算中，一般公共预算是政府预算体系的基础，其收支具有统一的制度规范，而且必须经过各级人民代表大会审议批准，资金在各级政府层面统筹使用，规范程度最高，但由于财政专户的存在，这本预算并未实现全口径预算管理。在实际中，部分财政专户的资金并未纳入预算管理，仍沿袭预算外资金管理模式，游离于国库单一账户之外，存放在商业银行，政府的非税收入通过非税收入汇缴专户[①]或财政专户收缴，导致非税收入长期滞留专户不缴入国库。地方政府性债务未完全纳入预算等是一般公共预算难以实现完整性的主要现实障碍（华国庆，2014）。政府性基金预算按照以收定支、专款专用、收支平衡、结余结转下年安排的原则编制[②]，并为特定公共事业发展提供了稳定的资金

---

① 非税收入汇缴专户是指财政部门在代理银行为执收单位设立的用于政府非税收入收缴的专用账户。

② 参见《财政部关于印发〈政府性基金管理暂行办法〉的通知》（财综〔2010〕80号）。

来源。但是，专款专用会使政府预算得不到全口径管理，资金未能实现统筹使用，其中用于提供基本公共服务以及主要用于人员和机构运转的支出资金，应该列入而未列入一般公共预算。国有资本经营预算也存在欠缺：中央国有资本经营预算范围完整性不足，国有资本经营预算只涵盖非金融部门，金融部门的国有资本尚未纳入预算管理；中央企业国有资本收益上缴国有资本经营预算的比例较低[①]；地方国有资本经营预算范围未实现全覆盖。从目前我国的社会保险基金预算来看，预算收入包括社会保险缴款、一般公共预算安排和其他方式筹集的非税收入，预算支出只包括用于社会保险的支出，并没有将社会救济和社会福利纳入，因而仅属于一种小口径的社会保障预算（李燕，2014）。

（2）不同预算科目间设置重合。从2022年和2023年政府收支分类科目可以发现，现行四本预算科目之间存在重合现象。例如，中央财政预算科目在一般公共收入预算和国有资本经营收入预算中均设置了"国有资本经营收入"款级科目等。在现行四本预算之间形成有机衔接是必需的，但科目设置重合、错综复杂，会使各本预算的完整性大打折扣。

2. 现行四本预算未能涵盖全部政府收支

（1）税式支出未纳入预算管理。税式支出是政府为实现特定政策目标而发生的支出，主要表现为对于某些纳税人或其特定经济行为给予不同的税收优惠（如优惠税率、税收抵免和加速折旧等）待遇，将一部分税收收入让渡给纳税人而形成的一种间接性政府支出。从这种意义上说，政府实际支出＝直接财政支出＋税式支出。在实际中，税式支出政策承担了多方面公共政策功能。表2-4为截至2022年的税

---

① 参见《财政部关于进一步提高中央企业国有资本收益收取比例的通知》（财企〔2014〕59号）。

收优惠政策统计，在421项税收优惠政策中，包含了支持乡村振兴税收优惠政策109项，支持绿色发展税收优惠政策56项，"大众创业、万众创新"税收优惠政策119项，小微企业、个体工商户税收优惠政策39项，软件企业和集成电路企业税收优惠政策20项，稳外贸、稳外资税收政策44项，2022年新的组合式税费支出政策34项。这些税收优惠政策覆盖了民生（包括支持文化、教育、体育、医疗卫生事业的发展、支持社会福利和社会保障等）、支持"三农"、节能减排、促进区域协调发展、金融安全、国防和公安等领域。因此，控制政府支出不仅要考虑财政支出，而且要考虑税式支出。我国财税等部门已在多个地区开展了多个税种的税式支出测算和分析工作，但当前我国尚未将税式支出纳入具体的预算范围，所以破坏了政府预算的完整性。

表2-4　截至2022年的税收优惠政策统计

序号	税费优惠政策类型		项数
1	支持乡村振兴税收优惠政策	支持农村基础设施建设 — 基础设施建设税收优惠	2
		支持农村基础设施建设 — 农田水利建设税收优惠	4
		支持农村基础设施建设 — 农民住宅建设税收优惠	2
		支持农村基础设施建设 — 农村饮水工程税收优惠	6
		推动乡村特色产业发展 — 优化土地资源配置税收优惠	8
		推动乡村特色产业发展 — 促进农业生产税收优惠	15
		推动乡村特色产业发展 — 支持新型农业经营主体发展税收优惠	6
		推动乡村特色产业发展 — 促进农产品流通税收优惠	5
		推动乡村特色产业发展 — 促进农业资源综合利用税收优惠	8
		激发农村创业就业 — 小微企业税收优惠	6
		激发农村创业就业 — 重点群体创业就业税收优惠	7
		推动普惠金融发展 — 银行类金融机构贷款税收优惠	10
		推动普惠金融发展 — 小额贷款公司贷款税收优惠	3
		推动普惠金融发展 — 融资担保及再担保业务税收优惠	2
		推动普惠金融发展 — 农牧保险业务税收优惠	3
		促进区域协调发展 — 扶持欠发达地区和革命老区发展税收优惠	3
		促进区域协调发展 — 支持少数民族地区发展税收优惠	9
		促进区域协调发展 — 易地扶贫搬迁税收优惠政策	6

续表

序号	税费优惠政策类型			项数
1	支持乡村振兴税收优惠政策	鼓励社会力量加大乡村振兴捐赠		4
		小计		109
2	支持绿色发展税收优惠政策	支持环境保护	环境保护税收优惠	4
			水土保持税收优惠	2
		促进节能环保	合同能源管理项目税收优惠	3
			供热企业税收优惠	3
			节能环保电池、涂料税收优惠	2
			节能节水税收优惠	3
			新能源车船税收优惠	3
			节约水资源税收优惠	3
			污染物减排税收优惠	3
		鼓励资源综合利用	资源综合利用税收优惠	7
			污水处理税收优惠	4
			矿产资源开采税收优惠	7
			水利工程建设税费优惠	3
		推动低碳产业发展	清洁发展机制基金及清洁发展机制项目税收优惠	2
			风力、水力、光伏发电和核电产业税收优惠	7
		小计		56
3	"大众创业、万众创新"税收优惠政策	企业初创期税收优惠	小微企业税收优惠	16
			重点群体创业就业税收优惠	17
			创业就业平台税收优惠	6
			创业投资税收优惠	10
			金融支持税收优惠	23
		企业成长期税收优惠	研发费用加计扣除政策	4
			固定资产加速折旧政策	2
			进口科研技术装备用品税收优惠	2
			科技成果转化税收优惠	3
			科研创新人才税收优惠	8

续表

序号	税费优惠政策类型			项数
3	"大众创业、万众创新"税收优惠政策	企业成熟期税收优惠	高新技术类企业和先进制造业税收优惠	4
			软件企业税收优惠	6
			集成电路企业税收优惠	14
			动漫企业税收优惠	4
		小计		119
4	小微企业、个体工商户税收优惠政策	减免税费负担		17
		推动普惠金融发展		14
		重点群体创业税收优惠		8
		小计		39
5	软件企业和集成电路企业税收优惠政策	软件企业税收优惠		6
		集成电路企业税收优惠		14
		小计		20
6	稳外贸、稳外资税收政策	稳外贸税收政策	出口货物劳务税收政策	7
			跨境应税行为增值税政策	2
			外贸新业态税收政策	6
			出口退（免）税服务便利化举措	3
		稳外资税收政策	鼓励外商投资税收政策	7
			支持金融市场对外开放税收政策	19
		小计		44
7	2022年新的组合式税费支出政策	新出台的税收支持政策		14
		延续实施的税收支持政策		20
		小计		34
	总计			421

资料来源：根据国家税务总局相关资料整理。

（2）准财政活动未能体现在政府预算中。准财政活动主要由中央银行、公共金融机构和非金融公共企业实施，最终影响到财政资金收支的"隐性"财政活动，具体情况见表2-5。准财政活动具有预算含义[①]，但基于准财政活动产生的资金流量并未纳入政府预算中，所以准财政活动报告未包含在年度预算文件中。李爽对我国商业银行系统临时性准财政活动的规模进行了分析，其结论显示：自1996年以来，我国政府通过各种形式对问题金融机构进行资金救助的总额高达2.5万亿元，从1996年至2006年，财政收入累计22万亿元，针对金融系统的救助金额占同期财政收入的11.36%。[②] 由此可见，由准财政活动产生的资金流量规模庞大，准财政活动不记录在预算或预算报告中，从而影响了政府预算的完整性。

表2-5 准财政活动影响财政收支的具体情况

准财政活动实施者	活动方式	影响财政收支资金流的情况	对财政的影响	是否在预算或预算报告中记录
中央银行 公共金融机构	（1）有补贴的贷款（有管理的贷款利率、优惠再贴现、担保不足的和低于标准的贷款、贷款担保）、低报酬的准备金要求、信贷限额、救援操作。（2）多重汇率、进口保证金、购买国外资产的保证金、汇率担保、有补贴的外汇风险保险进口储备。	（1）准财政活动实施者对财政系统的显性利税贡献。（2）财政系统对准财政活动实施者隐性的利益输送。	（1）在准财政活动规模很大的情况下，预算差额不再是政府财政收支状况的一个可靠指标，这使财政政策的设计变得更为复杂。（2）政府收入和支出统计并不能准确反映政府的实际规模。（3）准财政活动可能带来隐含的或有负债。（4）准财政活动往往具有再分配效应。	无记录。实际价格与平均价格的差额形成的损益并未在预算报告中呈现，也未在预算程序中申报。
非金融公共企业	（1）低于成本价格提供某些产品和服务。（2）垄断型公共企业向消费者收取过高的价格。			

资料来源：根据相关资料整理。

[①] 王雍君.公共预算管理.北京：经济科学出版社，2010.
[②] 李爽.我国商业银行系统中准财政活动规模估算及政策建议.中央财经大学学报，2012，6（11）：7-12.

（二）夯实了预算编制基础

经过40多年的不断改革，特别是2007年的政府收支分类改革、2015年颁布和实施的《权责发生制政府综合财务报告制度改革方案》以及《政府会计准则——基本准则》，我国的预算管理进入了一个全新时期，并且我国政府预算管理更加全面和规范。

1. 建立了比较完善的政府收支分类体系

2007年的政府收支分类改革是新中国成立以来我国财政分类统计体系最大的一次调整，也是自1994年分税制改革、2000年部门预算改革以来我国政府预算管理制度的又一次深刻创新，可以从财政收支方面清晰地反映政府职能活动。2018年我国实施改进的政府预算支出经济分类和部门预算支出经济分类，这与预算管理改革与发展的实际紧密结合，坚持问题导向，力求做到政府管到哪里，科目的设置就延伸到哪里，初步建立起政府预算支出经济分类和部门预算支出经济分类相互独立、各有侧重、统分结合的支出经济分类体系。因此，现行政府收支分类基本实现了"体系完整、反映全面、分类明细、口径可比、便于操作"的改革目标，充分体现了国际通行做法与国内实际的有机结合以及在市场经济条件下建立健全我国公共财政制度的总体要求，对于进一步深化各项财政改革、提高预算透明度和财政管理水平、建立现代预算制度，起到了十分重要的推动作用。

2. 初步构建了统一、科学、规范的政府会计准则体系和政府财务报告制度框架体系

2015年颁布和实施的《权责发生制政府综合财务报告制度改革方案》以及《政府会计准则——基本准则》，初步构建了统一、科学、规范的政府会计准则体系和政府财务报告制度框架体系，建立健全了政府财务报告编制办法，适度分离了政府财务会计与预算会计、政府

财务报告与决算报告功能,并在 2018 年开始编报政府部门财务报告和政府综合财务报告,能够更加全面、清晰地反映政府财务信息和预算执行信息,为开展政府信用评级、加强资产负债管理、改进政府绩效监督考核、防范财政风险等提供支持,可以促进政府财务管理水平的提高和财政经济的可持续发展,从而有力地促进了我国政府预算管理走向更加规范、精细、科学。

在政府领域引入权责发生制理念,是政府会计改革的一项重大突破。在权责发生制下,我国对资产、负债等会计要素的概念、信息质量特征都做出了重新界定、提出了新的要求,从而保证了政府资产、负债等信息得以如实记录和完整反映,有利于全面反映政府财务状况、财政能力和财政责任,有利于进一步加强政府的资产管理和控制债务风险,有利于健全预算管理基础,对于建立全面规范、公开透明的现代预算制度,促进财政可持续发展,具有重要的基础性作用。

(三)预算编制管理改革成效显著

1.部门预算改革取得重大突破

部门预算改革在实际的预算管理中取得了显著的效果。从理论上看,实行部门预算增强了政府预算的计划性和科学性、归一性和集中性、公开性和法制性等,大大提高了财政支出的效率。从实践上看,实行部门预算的成效主要表现在:

(1)统一了预算分配权,增强了预算的计划性和严肃性。在实行部门预算后,一方面,改变了按经费性质设置预算机构的传统做法,将每一个部门都归口到财政部门的一个业务机构,避免了财政部门内部相互交叉管理的弊端,保证了预算分配的规范性和完整性;另一方面,将分散的财政管理职能交还给财政部门,改变了传统的切块资金分配方式,增强了财政预算部门的综合调控能力。与此同时,部门预算提高了预算的年初到位率，改变了过去层层预留机动资金的做法，减少了资金在中间环节的滞留，提高了各部门资金使用的透明度，增强了预算的计划性和严肃性。

（2）构建了部门预算框架，有助于实现预算的统一性。实行部门预算克服了传统功能预算编制方法的缺点，将一个部门所有的收入和支出都按照统一的编报内容及形式在一本预算中进行反映，解决了预算编报时间不统一、编报内容和形式不规范、资金不能统筹安排等问题，强化了政府预算的统一性。

（3）采取自下而上的编制方式，细化了预算编制。部门预算采取自下而上的编制方式，一般经过"两上两下"的过程，从基层预算单位编起，逐级汇总，基本上将部门预算编制到具体支出项目，避免了代编预算的随意性。

（4）实现了部门预算的数据化管理。自2003年以来，为配合中央部门预算基本支出和项目支出改革的要求，对报表填报和软件操作进行了重大改进和完善，广泛推行和运用计算机管理，提高了预算编制和批复工作的效率，为以后预算管理的细化以及建立预算管理信息系统奠定了基础。

2. 零基预算改革效果良好

（1）增强了预算统筹分配能力。通过推行零基预算改革，改进了预算审核方式，使预算统筹分配能力得到增强。

（2）传递了预算绩效理念。通过零基预算改革业务培训和财政部门多次到单位开展的交流宣讲活动，预算单位掌握了零基预算编制方法，逐渐树立了预算绩效理念，特别是在现场评审过程中，通过现场交流和解答专家提问，预算单位切实感受到了提高预算绩效的紧迫感和责任感。

（3）提升了预算管理水平。在推进零基预算改革的过程中，财政部门通过座谈会、走访等形式，做好宣传解释工作，以取得单位的理解和支持；通过加强调研和数据收集，提高预算的科学性和准确性；通过完善各项支出标准，逐步建立了项目支出标准定额体系。通过零基预算改革，进一步提高了财政部门的服务意识、责任意识、大局意识和创新意识，有效提高了财政管理水平。

（4）提高了预算管理的透明度。零基预算改革一改以往部门预算的闭门审核方式，打造阳光预算、透明预算。预算现场联审由第三方专家主导，财政部门组织协调，邀请人大财经委、政协经济委、审计局、人大代表共同参与审核，媒体记者监督和报道，实现了从预算结果公开到预算编审过程公开。"开门审预算"大大提高了财政预算的公众透明度，增加了社会各界对预算资金安排的认可度。

3. 实施中期财政规划初见成效

（1）制定了中期财政规划的管理制度。这些管理制度包括为中期财政规划确立编制原则、内容、基本程序、推进步骤和工作重点等方面的指导性措施；中期财政规划的预算文本规范和编制具体实施办法；滚动项目库的管理办法和定额标准体系等改革配套制度，初步建立起三年滚动预算体系。

（2）项目库管理逐渐完善。各部门围绕近期的重点任务提出重点项目，在项目通过财政审核后，纳入滚动预算项目库。编入滚动预算的所有项目均从项目库中提取，由此提高了预算支出的针对性和有效性。

（3）项目支出的连续性增强。列入滚动预算中的跨年度项目都是多年、持续、投入大的重点项目，在试点过程中基本做到了投入与目标相一致，预算与规划相匹配，从财力上实现了统筹配置。对重点支出项目预算实施跨年度管理，保障了重点项目的资金需求，增强了财政支出的连续性。

（4）有效防控财政风险，实现财政可持续性的需要。通过中期财政规划管理的引导，可以优化政府规划编制；加强预算的连续性与财政政策的协调性，改善预算收支信息质量，实现逆周期调节，为增强财政可持续性提供更有利的外部条件；通过周期性平衡，化解征收过头税和"突击花钱"问题。跨年度预算平衡机制的建立，能够较好地克服年度预算的短视性弊端，及早发现当前财政收支的长期执行后果，有预见性地鉴别和确认财政风险，从而及早做出相应安排。

4. 财政支出标准化稳步推进

（1）中央财政层面。专用项目支出标准的建设进度目前仍落后于通用项目支出标准。专用项目的数量庞大、种类繁多，而且散落在各个部门，是当前进一步推进财政支出标准体系建设亟须突破的关键环节。2015年，《财政部关于加快推进中央本级项目支出定额标准体系建设的通知》要求各中央部门加强部门专用项目的标准体系建设。2019年，《财政部关于进一步做好中央本级支出标准体系建设工作的通知》进一步明确了当前支出标准体系建设的重点工作是制定专用项目支出标准，并且相继制定出台了《中央本级项目支出定额标准体系建设实施方案》《中央本级项目支出定额标准管理暂行办法》等多套制度办法，对项目支出定额标准体系建设的指导思想、基本原则、建设目标、建设任务、保障措施等多项内容进行了明确。根据财政部的工作部署，要求按照先易后难、逐步完善的原则，各部门至少新启动一项专用项目标准制定工作。

（2）地方财政层面。在支出标准制定工作的推进上，多数省市都建立了较为完善的通用标准，山西、浙江、河南等地在较为完善的通用标准基础上，通过以点带面的方式逐步推进制定专用项目标准，其余各地也陆续探索和研究专用项目标准体系的建设。在项目的选取上，各地往往在发展建设类项目①和专项公用类项目②两方面进行考量。

在项目支出标准的推进步骤上，各地主要有以下几方面经验：

第一，深入分析与调研，科学研究框架与方法。陕西省聘请相关领域专家开展课题研究，并深入省级部门、市（县）财政部门以及其他省份进行调研，按照"先易后难、由点及面，通用为主、专用为辅，突出重点、分步实施"的工作思路，制定符合实际的支出标准体系建设工作方案。

第二，严密分析测算，明确划分支出分类体系。浙江省从经济分类入手，在原有款级分类的基础上，结合实际支出的商品和服务内容，将商品和服务支出进一步划分为53类，厘清了各个分类之间的界限，然后分别对每一类别确定支出标准。

第三，科学设定标准参数和调整权限。陕西省在项目支出标准制定后先行试用了2~3年，然后对其进行验证评估，再做修正完善。

四、深化预算编制改革

（一）深化预算体系改革

深化预算体系改革的重点为构建"6+1"政府预算体系，落实全口径预算管理。政府收入和支出全部纳入预算，设置完善的政府预算体系，是建立现代预算制度的基本前提。政府全部收支包括一般公共预算收支、政府性基金预算收支、国有资本经营预算收支、社会保险

---

① 发展建设类项目是指一次性或阶段性发生的发展建设性支出项目，比如房屋建筑物构建类项目、大型修缮项目、信息网络构建类项目、设备购置类项目等。

② 专项公用类项目主要是指用于商品、服务与人员支出的特定项目，比如课题调研规划、培训、大型会议、运行维护等项目。

基金预算收支、政府性债务、税式支出以及准财政活动等，均应纳入政府预算体系。然而，由于目前我国的政府预算体系还不够完整，现行四本预算的缺口与重合并存，而且尚有税式支出以及准财政活动等的政府财政性资源未纳入或未全面纳入预算。基于此，建议按照现代预算制度完整性的要求，构建"6+1"政府预算体系，即在现行一般公共预算、政府性基金预算、国有资本经营预算和社会保险基金预算的基础上，增加政府性债务预算、税式支出预算两本预算，一个准财政活动报告，形成6本预算+1个报告的"6+1"政府预算体系，覆盖政府的全部收入和支出，实现全口径预算管理，保障政府预算体系的完整性。

（二）深化预算编制基础改革

深化预算编制基础改革的重点为建立政府会计规范体系，采用"准则+制度"的会计规范模式：一是政府会计准则。借鉴企业会计和国际经验，我国政府会计准则体系应该包括基本准则、具体准则、应用指南和解释文告。我国的《政府会计准则——基本准则》已经发布，具体准则已经发布了《存货》《投资》《固定资产》《无形资产》《公共基础设施》《政府储备物资》《会计调整》《负债》《财务报表编制和列报》等，接下来是尽快出台相应的应用指南，再根据业务需要，研究制定一系列具体的《政府会计准则》。二是政府会计制度，应把与政府财政拨款相关的行政事业单位都包括在其中。通过建立政府会计规范体系，为编报政府部门财务报告和政府综合财务报告夯实基础。

（三）深化预算编制管理改革

1. 完善部门预算相关制度，进一步落实预算编制的完整性

我国部门预算制度改革取得了显著成效，为实现预算编制的完整

性奠定了基础，但仍存在一些问题：

（1）预算分配权未完全集中于财政部门。虽然我国部门预算改革实行一个部门一本预算，开始把部门的预算外资金集中到财政部门，并逐步取消了部门对资金的二次分配权，但目前财政部门还不能统一行使预算分配权。在财政部门之外，还有其他的部门具有一部分预算分配权，即在预算分配权限上存在"四马分肥"现象，根据我国现行的法律法规，财政部、发展改革委、科委、国家机关事务管理局等部门都享有预算分配权，因而在预算编制中存在多个核心预算机构。多重预算管理分配权的存在与公共财政的要求不相适应，降低了部门预算编制效率，提高了部门预算编制、执行、决算过程中的成本。

（2）预算定额体系和支出标准尚不完善，没有形成涵盖全部经常性支出的定额体系。现行的定额标准是在承认以前年度支出数的基础上，根据历年决算数推算而来的，如果没有科学合理的预算定额，零基预算就无法执行到位，而现行的定额标准具有"基数法"的痕迹。部门预算的重要基础是科学、合理的定额体系。现行的定额不是根据单位的工作任务和财力的可能计算出来的，而是在承认部门和单位以前年度支出事实的基础上，根据历年的决算数据倒推出来的。这样的定额将传统功能预算下部门间苦乐不均的状况给予延续，承认了以前不公平的部门间支出水平，无法真实反映部门和单位的职能大小及权责轻重。在定额测算方式上，基本上只是对过去几年预算拨款的简单平均，缺乏准确的基础数据为依据，因而定额标准不算科学合理。由于没有科学合理的定额体系和相关的基本数据资料，目前实行的部门预算还不能完全摆脱传统的"基数加增长"的编制方法，导致零基预算的实施范围受到很大的限制。在现阶段，受财力所限，公用经费定额标准较低，与实际支出水平有一定差距。

因此，我们建议：

第一，统一预算分配权，在财政部门内成立专职预算编制机构。按照预算编制、执行、监督三分离的原则，以部门预算为基础，将分散在各个职能部门的预算分配权和财政内部各业务部门的预算编制职责统一起来，成立专门编制和审查预算的预算机构，并赋予其足够的权力和独立性，专门负责政府部门预算的编制以及审核综合财政预算。

第二，按照财力可能与行政事业发展相结合的原则，完善定员定额标准。在当前财力可能与财力需求存在较大矛盾的情况下，定员定额的制定既要保证行政事业单位履行职能、维持机构正常运转的资金需求，又要充分考虑国家财力的可能，把定员定额建立在较为可靠的财力基础上。与此同时，逐步实现资产实物定额与预算拨款定额相结合，在摸清家底的情况下，定额的制定应逐步转向资产实物定额与预算拨款定额相结合。凡涉及物耗的定额，应建立在对物耗标准合理核定的基础上，从而使定额标准更符合预算单位的实际。

2. 实施中期支出框架，完善跨年度预算平衡机制

预算编制管理改革的重点为实施中期支出框架，完善跨年度预算平衡机制。中期支出框架是指政府为实现经济和财政可持续发展，在中期经济和财政收入预测的基础上，根据经济社会发展的政策目标和优先次序，制定中期财政政策，合理确定政府中期支出水平和结构，并以此作为年度预算编制依据的一种财政政策工具和财政管理方式。中期支出框架是一个为期3～5年、滚动或者不断更新编制的具有一定约束力的财政支出框架，从低到高可以分为三个层次或三个阶段：一是中期财政框架，是指政府自上而下地制定宏观经济和财政中期目标，包括政府在中期内的总收入和总支出预测。二是中期预算框架，是政府各个部门共同参与，通过自上而下和自下而上的协商，制定中期支出的上限，特别是对中期内支出项目的成本进行估计。三是中期

绩效框架，这是一种较为高级的阶段或形式，包括支出绩效的考核评价分析、实施产出预算、注重提高支出的效率、完整反映财政收入和预算的产出、更加注重对财政中期支出绩效的考量。一般来说，这三个框架都要结合年度预算和财政经济发展情况进行滚动或不断更新。在实施中期支出框架的过程中，政府应从中期财政框架到中期预算框架，再到中期绩效框架，也就是逐步推进。

3. 加快推进财政支出标准化

财政部在《关于进一步做好中央本级支出标准体系建设工作的通知》中明确，今后一段时间，支出标准体系建设的重点工作是制定专用项目支出标准。结合前面分析的项目支出标准的含义与要求、标准化的原理与实施原则、项目支出标准的相关政策、中央与地方的推进经验等，下面架构了项目支出标准建设的具体路径：

（1）进行部门项目支出标准体系建设的顶层设计。结合各个部门的实际情况，按照"先易后难、先简后繁、先小后大、先点后面"的原则，从大处着眼、小处着手，选定1~2个可量化、经常性、易管理的项目作为样本，探索符合各部门实践的专用项目支出标准。在未来，按照循序渐进的工作思路稳步推进，向更多项目推广，将单一标准发展成标准体系。

（2）确定项目成本核算方法，分析不同成本结构，结合共性特征和个性支出规律，寻找相应的核算方法，合理分摊各类成本，对预算项目发生的各类活动制定科学的"成本标准"，形成分级分层次的支出标准体系。根据项目前三年支出的平均标准，结合具体工作内容，确定项目新一年度的经费标准，主要体现为项目的上限和下限标准，即"限高"和"托底"。制定项目支出标准应遵循"定额化、标准化、统一化、规范化"的办法，科学测算和设定具体支出标准，从而规范项目支出管理程序，提高预算编制透明度，增强预算调控能力，优化财政资源配置。与此同时，在项目支出标准的编制过程中，应当在一定范围内给予预算单位或部门一定的财力调剂自主权，从而在一定程度上缓解预算编制细化和预算执行刚性之间的矛盾。

（3）通过调研与分析，检验动态反馈机制，不断提升支出标准在现实当中的适用性、有效性。与此同时，探索可行的动态调整机制，使项目支出标准根据经济社会发展、物价变动、财力变化和项目实际执行情况等进行相应的动态调整优化。

4. 推进预算管理一体化

全面深化预算制度改革对财政预算管理的科学化、精细化水平提出了更高的要求，必须有先进的信息技术支撑。目前，各级财政预算管理的业务规则和信息系统"各自搭台、分头唱戏"，没有进行一体化设计、一体化推进，不能实现一体化管理，难以发挥合力。预算管理一体化是以统一预算管理规则为核心，以预算管理一体化系统为主要载体，将统一的管理规则嵌入信息系统，提高项目储备、预算编审、预算调整和调剂、资金支付、会计核算、决算和报告等工作的标准化、自动化水平，实现对预算管理全流程的动态反映和有效控制，保证各级预算管理规范高效。预算管理一体化抓住了预算管理的薄弱环节和症结所在，是全面深化预算制度改革的重要突破口，一体化系统建设的顺利推进必将对今后财政预算工作产生重要而深远的影响。

第三章
预算执行：规范有序

从预算管理流程来看，对预算执行的管理是整个流程的关键，不仅涉及本年的预算收支计划能否完成，而且涉及政府各项职能的执行是否到位，还涉及政府治理是否有效。自2000年以来，我国在预算执行方面实行了国库集中支付、政府采购、超收收入使用等多项改革，进行了多项制度创新，使预算执行具备了规范化、制度化、高效化的新框架，我国现代预算制度初见雏形。

一、预算执行概述

政府预算一经立法机构审查批准就进入执行阶段。预算执行是组织政府预算收支实现的过程，也是财政管理的中心环节。此外，预算执行又是一项复杂细微的艰巨任务，涉及每一笔收支活动。政府预算执行通常包括预算收入执行、预算支出执行和预算调整等。

（一）预算执行的原则

（1）严格按预算执行。要切实硬化预算约束，严格按预算执行，认真贯彻先有预算、后有支出的原则。

（2）依法组织收入。要依照国家税法和有关规定，及时足额征缴各项预算收入，切实做到应收尽收，不得征收过头税和乱收乱罚，确保预算收入任务的完成。

（3）合理调度预算支出。严格按预算安排和项目实际执行进度，及时合理地拨付资金。

（4）确保预算收支平衡。要努力增收节支，及时分析财政经济发展形势，采取有力措施，确保预算收支平衡。

（5）强化预算执行监督。建立健全预算执行监控体系，定期分析预算执行情况，严肃财经纪律，及时解决预算执行中的问题，确保预算顺利执行。

（二）预算执行的任务

我国政府预算执行的基本任务主要包括预算收入执行、预算支出执行、预算调整和进行政府预算监督。

1. 预算收入执行

预算收入执行是财政部门、税务机关和国家金库依据国家法规，从缴款单位和个人筹集财政资金的分配活动。预算收入执行必须制定完善组织收入的各项规章制度，并根据预算收入计划和核定的季度执行计划组织收入，保证及时、足额入库。与此同时，要求组织和管理预算收入的机构及人员依据法律、法规和规章，积极组织预算收入，确保中央和地方预算收入任务按期完成，将应当上缴的财政预算收入按照规定的预算科目、级次、缴库的方式、期限，及时、足额地缴入国库；不得超越权限减免应当征收的预算收入，不得截留、占用、挪用应当上缴国库的预算资金。在组织预算收入的过程中，应积极帮助企业发展生产、加强经济核算、提高经济效益，把组织收入和促进生产密切结合起来。

按目前的政府收支分类标准，预算收入分为税收收入、社会保险基金收入、非税收入、贷款转贷回收本金收入、债务收入和转移性收入六类。预算收入的执行就是按照政府预算确定的任务组织上述预算收入的过程，这是预算执行的首要环节，也是执行其他预算行为的基础。

2.预算支出执行

预算支出执行是财政部门、上级主管部门和国家金库依据国家规定的办法向用款单位进行拨付财政资金的分配活动。预算支出执行应根据支出执行需要，制定和完善有关制度及办法；根据年度支出计划和季度计划，按照预算拨款诸原则，把财政资金拨付给用款单位，保证国家生产计划和事业计划的完成；要按照政府预算核定的预算支出指标，规定的支出用途和各项生产建设事业的计划、进度等，及时、合理地拨付预算资金；要帮助和促进企业单位、建设单位、行政事业单位贯彻勤俭节约的方针，管好预算资金，充分发挥预算资金的作用。特别是要严格控制预算支出的规模，各级政府不得随意增加支出的口子，任何部门、单位不得自行增加新的预算支出，防止突破预算支出标准和范围，影响国家预算收支平衡的顺利实现。

预算支出拨款的原则包括：第一，按照预算计划拨款。为了有计划、合理地使用财政资金，各部门和单位必须严格按照本级人民代表大会批准的支出预算做出季度分月用款计划，经财政审核后作为用款单位的拨款依据。各级财政部门按照批准的年度预算和季度分月用款计划拨款，不得办理无预算、无项目、无用款计划、超预算、超计划的拨款，不得擅自改变预算支出用途。第二，按照事业进度拨款。各用款单位的年度预算核定后，所需资金是逐笔拨付使用的。财政部门要根据各用款单位的实际使用时间及时拨付，既不能早拨，又不能迟拨，既要防止资金的积压浪费，又要保证资金需要。第三，按照核定的支出用途拨款。预算支出的各种资金都是为满足一定用途安排的，只有按规定的用途拨付资金，才能保证各项事业发展对资金的需要。各级财政部门在办理预算拨款时应根据规定的用途予以拨付。第四，按预算级次拨款。预算拨款由财政部门根据主管部门的申请，一般按季按月拨给主管部门，再由主管部门按照拨款的隶属关系层层转拨到基层单位。各级主管部门一般不准向没有支出预算关系的单位垂直拨款，各级主管部门之间也不能发生支出预算的拨款关系。

预算支出的支付方式应按照不同的支付主体以及不同类型的支出，分别实行财政直接支付和财政授权支付。第一，财政直接支付，是由财政部门开具支付令，通过国库单一账户体系，直接将财政资金支付到收款人（即商品和劳务供应者，下同）或用款单位账户。实行财政直接支付的支出包括工资支出、购买支出以及中央对地方的专项转移支付，拨付企业大型工程项目或大型设备采购的资金等，而且直接支付到收款人。第二，财政授权支付，是由预算单位根据财政授权，自行开具支付令，通过国库单一账户体系将资金支付到收款人账户。实行财政授权支付的支出包括未实行财政直接支付的购买支出和零星支出。

3. 预算调整

按照预算调整的不同幅度，预算调整方式分为全面调整和局部调整。

（1）全面调整。全面调整是指国家对原先制订的国民经济和社会发展计划做较大调整时，政府预算应对总盘子进行相应调整，因而涉及面广、工作量大，相当于重新编制政府预算。全面调整一般只是在政治、经济形势出现重大变化或者遭遇特大自然灾害等情况时才会发生。

（2）局部调整。局部调整是对政府预算的局部变动，主要调整方式包括动用预备费、追加（追减）预算、经费流用和预算划转。

4. 进行政府预算监督

政府预算监督是按照有关政策、法律和规章制度，对财政资金的筹集、分配和使用进行有效的管理、监督和控制，防止和纠正预算执行中的各种违法活动。从宏观上说，要随时监测政府预算执行时的社会经济发展动向，以及影响政府预算执行的主要因素，定期分析预算执行情况，及时纠正偏差；从微观上说，要按照有关法律、法规、政策和制度，对政府预算资金的分配、使用过程实施监督。政府预算监督应通过各种形式进行监督检查，以使国家预算的执行真正做到有法必依、执法必严、违法必究。

（三）预算执行机构

1. 领导机关

根据《宪法》和《预算法》的规定，国务院和地方各级人民政府是政府预算的组织领导机关。国务院作为最高国家行政机关，负责国家预算和中央预算的组织执行，地方各级人民政府负责各级地方预算的组织执行，检查监督本级各部门和所属下级政府的预算执行情况。

2. 执行机关

各级财政部门在预算执行中代表各级人民政府全面负责预算执行工作，是政府预算的具体执行机关。其中，财政部对国务院负责，具体执行国家预算和中央预算，并指导地方预算的执行；地方各级财政部门对地方各级人民政府负责，组织本级预算的执行，并监督和领导下一级预算的执行，定期向同级人民政府和上一级财政部门报告预算执行情况。

3. 执行主体

各有关部门、单位是部门预算和单位预算的执行主体。中央和地方各级主管部门负责执行本部门的单位预算和财务收支计划，定期向同级财政部门报告预算执行情况；各企业、事业、行政单位负责本单位预算和企业财务收支计划的执行。

4. 参与机关

国家还指定专门的管理机关参与预算执行。组织预算收入执行的机关主要是税务机关、海关总署及财政机关；参与组织预算支出的机关主要有中国建设银行、国家开发银行、中国农业银行、中国农业发展银行和中国人民银行（代理国家金库）等。

以上各方面共同构成了一个有机整体，从组织体系上保证了政府预算的顺利执行。

（四）《预算法》关于预算执行的规范

《预算法》关于预算执行的规范主要体现在对预算执行过程中的每个环节进行了明确具体的规定，见表3-1。

表3-1 《预算法》关于预算执行的规范

预算执行环节	《预算法》的具体规定
1. 预算收入执行	第五十五条规定：预算收入征收部门和单位，必须依照法律、行政法规的规定，及时、足额征收应征的预算收入。不得违反法律、行政法规规定，多征、提前征收或者减征、免征、缓征应征的预算收入，不得截留、占用或者挪用预算收入。各级政府不得向预算收入征收部门和单位下达收入指标。
2. 预算支出执行	第五十七条规定：各级政府财政部门必须依照法律、行政法规和国务院财政部门的规定，及时、足额地拨付预算支出资金，加强对预算支出的管理和监督。各级政府、各部门、各单位的支出必须按照预算执行，不得虚假列支。各级政府、各部门、各单位应当对预算支出情况开展绩效评价。
3. 关于预算批复	第五十二条规定：各级预算经本级人民代表大会批准后，本级政府财政部门应当在二十日内向本级各部门批复预算。各部门应当在接到本级政府财政部门批复的本部门预算后十五日内向所属各单位批复预算。中央对地方的一般性转移支付应当在全国人民代表大会批准预算后三十日内正式下达。中央对地方的专项转移支付应当在全国人民代表大会批准预算后九十日内正式下达。省、自治区、直辖市政府接到中央一般性转移支付和专项转移支付后，应当在三十日内正式下达到本行政区域县级以上上级政府。县级以上地方各级预算安排对下级政府的一般性转移支付和专项转移支付，应当分别在本级人民代表大会批准预算后的三十日和六十日内正式下达。

第三章　预算执行：规范有序

续表

预算执行环节	《预算法》的具体规定
4. 关于预算的先期执行	第五十四条规定：预算年度开始后，各级预算草案在本级人民代表大会批准前，可以安排下列支出：①上一年度结转的支出；②参照上一年同期的预算支出数额安排必须支付的本年度部门基本支出、项目支出，以及对下级政府的转移性支出；③法律规定必须履行支付义务的支出，以及用于自然灾害等突发事件处理的支出。根据前款规定安排支出的情况，应当在预算草案的报告中作出说明。预算经本级人民代表大会批准后，按照批准的预算执行。
5. 关于国家金库账户管理	第五十六条规定：政府的全部收入应当上缴国家金库（以下简称"国库"），任何部门、单位和个人不得截留、占用、挪用或者拖欠。对于法律有明确规定或者经国务院批准的特定专用资金，可以依照国务院的规定设立财政专户。
6. 关于国库制度	第五十九条规定：县级以上各级预算必须设立国库；具备条件的乡、民族乡、镇也应当设立国库。中央国库业务由中国人民银行经理，地方国库业务依照国务院的有关规定办理。各级国库应当按照国家有关规定，及时准确地办理预算收入的收纳、划分、留解、退付和预算支出的拨付。各级国库库款的支配权属于本级政府财政部门。除法律、行政法规另有规定外，未经本级政府财政部门同意，任何部门、单位和个人都无权冻结、动用国库库款或者以其他方式支配已入国库的库款。各级政府应当加强对本级国库的管理和监督，按照国务院的规定完善国库现金管理，合理调节国库资金余额。 第六十条规定：已经缴入国库的资金，依照法律、行政法规的规定或者国务院的决定需要退付的，各级政府财政部门或者其授权的机构应当及时办理退付。按照规定应当由财政支出安排的事项，不得用退库处理。
7. 关于预算调整	第六十七条规定：经全国人民代表大会批准的中央预算和经地方各级人民代表大会批准的地方各级预算，在执行中出现下列情况之一的，应当进行预算调整：①需要增加或者减少预算总支出的；②需要调入预算稳定调节基金的；③需要调减预算安排的重点支出数额的；④需要增加举借债务数额的。 第六十八条规定：在预算执行中，各级政府一般不制定新的增加财政收入或者支出的政策和措施，也不制定减少财政收入的政策和措施；必须作出并需要进行预算调整的，应当在预算调整方案中作出安排。
8. 关于政府间转移支付	第十六条规定：国家实行财政转移支付制度。财政转移支付应当规范、公平、公开，以推进地区间基本公共服务均等化为主要目标。财政转移支付包括中央对地方的转移支付和地方上级政府对下级政府的转移支付，以为均衡地区间基本财力、由下级政府统筹安排使用的一般性转移支付为主体。按照法律、行政法规和国务院的规定可以设立专项转移支付，用于办理特定事项。建立健全专项转移支付定期评估和退出机制。市场竞争机制能够有效调节的事项不得设立专项转移支付。上级政府在安排专项转移支付时，不得要求下级政府承担配套资金。但是，按照国务院的规定应当由上下级政府共同承担的事项除外。

- 75 -

续表

预算执行环节	《预算法》的具体规定
8.关于政府间转移支付	第七十一条规定：在预算执行中，地方各级政府因上级政府增加不需要本级政府提供配套资金的专项转移支付而引起的预算支出变化，不属于预算调整。接受增加专项转移支付的县级以上地方各级政府应当向本级人民代表大会常务委员会报告有关情况；接受增加专项转移支付的乡、民族乡、镇政府应当向本级人民代表大会报告有关情况。
9.关于债务管理	第三十四条规定：中央一般公共预算中必需的部分资金，可以通过举借国内和国外债务等方式筹措，举借债务应当控制适当的规模，保持合理的结构。对中央一般公共预算中举借的债务实行余额管理，余额的规模不得超过全国人民代表大会批准的限额。国务院财政部门具体负责对中央政府债务的统一管理。 第三十五条规定：地方各级预算按照量入为出、收支平衡的原则编制，除本法另有规定外，不列赤字。经国务院批准的省、自治区、直辖市的预算中必需的建设投资的部分资金，可以在国务院确定的限额内，通过发行地方政府债券举借债务的方式筹措。举借债务的规模，由国务院报全国人民代表大会或者全国人民代表大会常务委员会批准。省、自治区、直辖市依照国务院下达的限额举借的债务，列入本级预算调整方案，报本级人民代表大会常务委员会批准。举借的债务应当有偿还计划和稳定的偿还资金来源，只能用于公益性资本支出，不得用于经常性支出。除前款规定外，地方政府及其所属部门不得以任何方式举借债务。除法律另有规定外，地方政府及其所属部门不得为任何单位和个人的债务以任何方式提供担保。国务院建立地方政府债务风险评估和预警机制、应急处置机制以及责任追究制度。国务院财政部门对地方政府债务实施监督。

资料来源：根据《预算法》的相关条款整理。

二、预算执行改革

（一）规范财政国库管理制度：实行国库集中收付制度

1.传统的分散国库收付制度

在预算执行过程中，财政国库是各级政府财政资金运作的枢纽，财政资金的收纳和库款的拨付必须通过国库完成。在2000年以前，我国实行的是与计划经济体制相适应的传统的分散国库收付制度，各行政事业单位、组织团体都要在商业银行开立账户，财政资金逐级层层经收、上解、下拨。预算收入的资金经过代收、征收单位的账户再进入国库，预算外资金存留在单位账户；预算支出的资金层层拨付，国库通过银行间票据交换将财政资金划入各行政事业单位、组织团体的商业银行账户，各行政事业单位、组织团体从自己账户支取资金，分散付款。传统的分散国库收付制度存在的问题为：一是多头开户，导致财政资金运行的透明度较低，预算外资金缺少控制与管理，其资金使用过程容易脱离财政监督；二是实行"以拨定支"制度造成财政资金沉淀在各部门，导致国库现金紧张与总预算会计报表信息失真，难以为预算管理及宏观经济调控提供准确的信息；三是国库资金结算环节多，影响了国库资金入库的及时性，而退库不规范，又造成财政收入的流失等。显然，传统的分散国库收付制度不能适应我国社会主义市场经济体制及公共财政框架的要求，必须进行改革。

2. 国库集中收付制度改革

国库集中收付制度是指对财政资金实行集中收缴和支付的制度，即财政部门建立国库单一账户体系，所有财政性收入都要通过国库单一账户体系直接缴入国库或财政专户、所有财政性支出都要通过国库单一账户体系支付到收款人或用款单位的财政资金管理模式。国库单一账户是国库集中收付制度的核心，所有财政资金都要纳入国库单一账户体系集中管理。

2000年8月，财政部向国务院提交了《关于实行国库集中收付制度改革的报告》，详细说明了我国建立现代财政国库管理制度的必要性和基本构想；2001年9月，党的十五届六中全会公报《中共中央关于加强和改进党的作风建设的决定》明确提出，要"推行和完善……国库集中收付……制度"。2001年2月28日，国务院第95次总理办公会议原则同意了财政部和中国人民银行联合上报的《财政国库管理制度改革方案》，这标志着我国财政国库管理制度改革正式开始实施。

2014年修订的《预算法》从国家治理现代化的角度体现了财税体制改革的总体要求，并以法律形式明确了实行国库集中收付制度。

经过二十多年的推进，国库集中收付制度改革已基本覆盖全国县级以上预算单位和部分乡级预算单位，成为我国财政财务管理的核心基础性制度。2014年10月，财政部发布《关于乡镇国库集中支付制度改革的指导意见》，对尚未实行改革的乡镇提出要求，明确具备条件的乡镇应在2015年底前实施国库集中收付制度改革。这意味着全面深化国库集中收付制度改革进入收官之战，此举旨在打通财政资金支付的"最后一公里"，将所有财政资金都纳入国库单一账户体系管理，确保财政资金安全、高效、透明运行。

3. 国库集中收付制度的主要内容

国库集中收付制度是对财政资金实行集中收缴和支付的制度，由于其核心是通过国库单一账户对现金进行集中管理，所以这种制度又称国库单一账户制度。这种制度具有三个基本特征：一是财政统一开设国库单一账户；二是所有财政收入直接缴入国库，主要财政支出由财政部门直接支付给商品或劳务供应者；三是建立高效的预算执行机构、科学的信息管理系统和完善的监督检查机制。建立一套规范的国库集中收付制度是我国预算执行改革的一个重要目标，具有重要意义。

（1）国库单一账户体系。国库单一账户体系由财政国库存款账户、财政零余额账户、预算单位零余额账户、预算外资金专户（现为非税收入专户）、特设专户等账户构成。上述账户和专户要与财政部门及其收付执行机构、中国人民银行国库部门和预算单位的会计核算保持一致性，可以相互核对有关的账务记录。

（2）规范收入收缴程序。

缴库方式：

1）直接缴库方式，这是由缴款单位或缴款人按有关法律法规的规定，直接将应缴纳的收入缴入国库单一账户或预算外资金财政专户。实行这种收缴方式的收入包括税收收入、社会保障缴款、非税收入、转移和赠予收入、贷款回收本金与产权处置收入、债务收入。

2）集中汇缴方式。这是由征收机关（有关法定单位）按有关法律法规的规定，将所收的应缴收入汇总缴入国库单一账户或预算外资金财政专户。实行这种缴库方式的收入包括小额零散税收和非税收入中的现金缴款。

收缴程序：

1）直接缴库程序。直接缴库的税收收入是由纳税人或税务代理人提出纳税申报，经征收机关审核无误后，开具缴款书，送交纳税人开户银行，纳税人开户银行将税款缴入国库单一账户。直接缴库的其他收入，比照上述程序缴入国库单一账户或预算外资金财政专户。

2）集中汇缴程序。小额零散税收收入是由征收机关开具汇总缴款书缴入国库单一账户。非税收入中的现金缴款，比照上述程序缴入国库单一账户或预算外资金财政专户。

（3）规范支出拨付程序。

1）支出类型。财政支出总体上分为购买性支出和转移性支出。根据支付管理的需要，具体分为：工资支出，即预算单位的工资性支出；购买支出，即预算单位除工资支出、零星支出之外用于购买服务、货物、工程项目等的支出；零星支出，即预算单位在购买支出中的日常小额部分，包括除《政府采购品目分类表》所列品目以外的支出，或列入《政府采购品目分类表》所列品目，但未达到规定数额的支出；转移支出，即拨付给预算单位或下级财政部门，未指明具体用途的支出，包括拨付企业补贴和未指明具体用途的资金、中央对地方的一般性转移支付等。

2）支付方式。按照不同的支付主体，对不同类型的支出，分别实行财政直接支付和财政授权支付。

第一，财政直接支付。由财政部门开具支付令，通过国库单一账户体系，直接将财政资金支付到收款人（即商品和劳务供应者，下同）或用款单位账户。实行财政直接支付的支出包括：工资支出、购买支出以及中央对地方的专项转移支付，拨付企业大型工程项目或大型设备采购的资金等，财政资金直接支付到收款人账户；转移支出（中央对地方专项转移支出除外），包括中央对地方的一般性转移支付中的税收返还、原体制补助、过渡期转移支付、结算补助等支出，对企业的补贴和未指明购买内容的某些专项支出等，财政资金直接支付到用款单位（包括下级财政部门和预算单位，下同）账户。

第二，财政授权支付。预算单位根据财政授权，自行开具支付令，通过国库单一账户体系将资金支付到收款人账户。实行财政授权支付的支出包括未实行财政直接支付的购买支出和零星支出。

4. 国库集中收付制度改革的成效

国库集中收付制度改革是预算管理制度改革的一项重要创新。二十多年来，预算资金运作管理取得了显著成效，为建立现代预算制度奠定了预算资金运行方面的基础。

第一，建立了一整套国库集中收付的管理流程框架，使预算管理效率大大提高；税收收入借助财税库银横向联网电子缴税，基本实现了直缴入库；非税收入已基本纳入预算管理；简化了拨付环节，提高了资金运行的效率和透明度；促进了预算单位预算管理模式的优化；在很大程度上解决了财政资金大量滞留在各预算单位和征收部门的问题。

第二，规范了预算单位的财政收支行为。实行国库集中收付制度后，可以强化财政预算执行，从而规范了预算单位的财政收支行为，有效地预防了单位挤占、挪用和截留财政资金。在实行国库集中收付制度后，财政部门把预算执行的事后监督变为事前和事中监督，把对支出预算总额的控制变为对每笔支出的控制，使每笔支出都能严格按预算执行，从而减少了预算执行的随意性，强化了预算的严肃性。在整个收付过程中，单位"收钱不见钱""花钱不见钱"，彻底解决了传统资金收付模式下资金收付链条长、环节多、效率低、透明度差等问题。

第三，完善和健全了财政监督机制，将事后监督改为全程实时监督。实行国库集中收付制度，有利于健全财政监督机制，将事后监督改为全程实时监督。实行国库集中收付制度后，财政预算部门、支出单位、财政国库支付部门三者形成相互制约、相互监督的有机体，有利于加强对财政支出全过程的监督和管理，杜绝不合理支出，提高财政资金的使用效益。财政部门可以依托现代化的技术手段，通过代理银行每天反馈的支付信息，实现对每笔财政资金流向和流量的全过程监控，将传统的事后监督转变为对预算单位支出的全过程进行实时监督，从而有效防止了利用财政资金谋取私利等腐败现象的发生。

第四，国库现金管理降低了财政筹资成本。国库现金管理是财政部门在确保国库现金安全和资金支付需要的前提下，为提高财政资金使用效益、降低财政筹资成本，运用金融工具有效运作库款的财政管理活动。国库现金管理操作主要是采取商业银行定期存款方式，在符合条件的商业银行范围内实行公开招标。为保证国库资金安全，银行在接受国库存款时，必须以可流通的国债和地方政府债券为质押。2006年，我国中央国库现金管理开始实施，到2015年底，共实施中央国库现金管理商业银行定期存款操作87期，操作规模36 000多亿元，获得利息收入667亿元。在2016年以后，中央国库现金管理商业银行定期存款操作的规模增长较快。2023年1—3月第一期和第二期中央国库现金管理商业银行定期存款招投标操作已经完成，操作规模共计1 400亿元。地方国库现金管理改革也在同步进行中。2014年底，北京、上海、深圳、广东、黑龙江和湖北六地开始进行地方国库现金管理试点，共实施国库现金管理商业银行定期存款操作32期，操作规模7 100多亿元，获得利息收入99亿元。2017年1月，财政部、中国人民银行发布《关于全面开展省级地方国库现金管理的通知》，表明省级地方国库现金管理商业银行定期存款操作开始定期招标；截至2022年，每年开展大约10期省本级国库现金管理商业银行定期存款招标，而且操作规模越来越大、利息收入越来越多。

第五，推进了依法行政、依法理财。国库集中收付制度改革要求财政支出的去向及支付方式必须建立在法制的基础上。在建立国库集中收付制度的过程中，将制定相关财政、金融法规，以便从根本上使国库集中收付制度有章可循。只要财政资金的分配行为、管理权限及操作程序的每个环节都有了严格的法定制度，就能促使财政管理行为更具透明度、公开性和约束力，并能使行政事业单位的财政监督与预算约束贯穿于财政收支活动的全过程，真正体现依法治国、依法行政的要求。

（二）规范财政资金使用：政府采购制度改革

政府采购是涵盖经济、社会各个领域的一项重要管理工作，是调控经济、促进社会发展的重要途径，也是我国强化财政支出管理改革的一项重要制度。政府采购是指各级国家机关、实行预算管理的事业单位和社会团体，采取竞争、择优、公正、公平、公开的形式，使用财政资金，以购买、租赁、委托或雇佣等方式获取货物、工程和服务的行为。政府采购制度是市场经济国家节约财政支出、提高财政资金使用效益和防止腐败的通行做法。政府采购制度改革要解决的是财政性资金的使用方式问题，是市场经济国家管理购买性支出（如公共设施等）的一项基本手段，也是公平市场环境建设的重要基础条件。

1996年，在我国政府采购制度改革前，各财政资金使用单位的采购行为是分散进行的，不仅采购资金分配和使用脱节、采购过程不透明、资金使用效益不高、财政无法实施有效的监督，而且还强化了地方保护主义，不利于全国统一市场的形成。因此，实施和推进政府采购是发展社会主义市场经济和建设公共财政的基本要求。

1.政府采购制度改革启动（1996—2000年）

我国政府采购制度改革以财政部研究政府采购的国际经验及规则为起点。1996年10月，在广泛深入研究西方国家公共财政支出管理以及国际政府采购规则的基础上，财政部提出了把推行政府采购制度作为我国财政支出改革方向的政策建议，并于次年正式向国务院提出制定政府采购条例的请示。在财政部深入研究政府采购制度的同时，上海市、河北省、深圳市等地陆续开展了政府采购试点活动，为推进政府采购制度改革提供了宝贵的经验。

1998年国务院赋予财政部"拟定和执行政府采购政策"的职能，标志着政府采购制度改革正式开始。1999年4月，财政部制定发布了我国有关政府采购的第一部部门规章，即《政府采购管理暂行办法》，明确了我国政府采购试点的框架体系。

2.设置政府采购管理机构及扩大试点范围（2000—2003年）

2000年6月，财政部在国库司内设立了政府采购管理处，负责全国政府采购的管理事务。在新机构设置后，财政部继续扩大政府采购试点范围和规模，2002年全国政府采购规模突破了1 000亿元，同时在政府采购规范化管理和透明度建设等方面也迈出了坚实的步伐：一是加强规范化建设。财政部确立了采购模式，强化了采购规程，从制度上、管理上和操作上规范采购行为。二是加大推行政府采购制度的力度。从2001年开始编制政府采购预算并制订政府采购计划，凡是列入政府采购预算的采购项目，都必须按照政府采购计划的要求实行政府采购。财政部建立了政府采购资金实行财政直接支付制度，规定了政府采购资金采用财政直接支付的方式和程序，开设了政府采购资金专户。三是进一步加强透明度建设。财政部丰富了政府采购信息指定发布媒体，明确了政府采购信息发布内容及程序，改进了政府采购统计体系。四是会同有关部门研究拟定中央国家机关全面推行政府采购制度的方案。五是探索适合政府采购要求的招标方法，确立并推广了政府采购协议供货制度。六是积极参加政府采购立法活动，推动《中华人民共和国政府采购法》（以下简称《政府采购法》）出台。

3. 政府采购制度改革深化（2003年至今）

2003年1月1日，《政府采购法》正式实施，标志着我国政府采购制度改革试点工作至此结束，进入了全面实施阶段，全国政府采购工作步入法制化管理的轨道。从2003年至今，全国人大、国务院、财政部出台了《政府采购法》《中华人民共和国政府采购法实施条例》《中华人民共和国招标投标法》《中华人民共和国招标投标法实施条例》等多部与《政府采购法》相关的法律法规及规范性文件。随着各种相关法规及规范性文件的陆续颁布，至今已经形成比较完善的政府采购法律法规体系。从2014年开始，政府采购制度改革围绕"推动政府采购管理从程序导向型向结果导向型的重大变革"的思路，不断向纵深推进。

4. 政府采购制度改革的成效

（1）政府采购的范围和规模不断扩大。政府采购的范围已由单纯的货物类采购扩大到工程类和服务类采购，而且工程类采购的比重呈现上升趋势。政府采购的规模保持了快速增长，每年都能节约大量资金，而政府采购规模的增长也带动了资金使用效率的提高。

（2）政府采购制度的法律法规体系已经形成。自《政府采购法》

正式实施以来，我国出台了很多与政府采购相关的法律法规及规范性文件，共计40多个，涵盖了政府采购的各个层面。

（3）政府采购管采分离的管理体制初步建立。按照《政府采购法》关于政府采购管理职能与操作职能相分离的要求，全国政府采购管理机构与操作机构分离工作取得了较大进展。

（4）政府采购的政策功能实施取得了重大突破，发挥了政府采购的政策功能。我国在促进节能环保、扶持企业自主创新以及促进相关产业发展方面出台了一系列制度办法，有效支持了国内相关产业或行业的发展，使政府采购在引导和支持节能环保、民生产业、国内产业等方面发挥了重要作用，也就是政府采购的发展与宏观经济政策实施和社会事业发展的联系更加紧密。

（5）电子化政府采购取得了新的突破。2003年财政部首次提出建立我国电子化政府采购的基本设想。此后，我国电子化政府采购系统的建设步伐不断加快，各级财政部门、集中采购机构在电子化政府采购建设方面做了大量创新工作。北京、浙江、广东等多个省市已建立了涵盖采购管理与交易全过程的电子化系统，并逐步将该系统向地市推广，从而促进了政府采购操作业务的规范统一。

（6）政府采购的国际化程度不断提升。从2007年底我国启动加入政府采购协定（GPA）谈判以来，财政部作为我国GPA谈判的牵头部门，系统规划了GPA谈判的整体工作部署，统筹对外谈判和国内准备工作，并在多边和双边框架下，积极与美国、欧盟、加拿大等GPA参加方开展沟通交流，深入开展出价研究。目前，我国已完成了七次出价工作，并取得了一定成效。加入GPA，意味着各成员之间互相开放政府采购市场，即国外企业可以"走进来"，同时国内企业也有了"走出去"的机会。随着我国财经对外交流与合作的深入开展，政府采购的国际化进程不断加快，涉及的领域也不断扩大。

（三）规范超收收入使用：设立中央预算稳定调节基金

自 1994 年分税制改革以来，我国财政收入能力稳步提高，财政超预算收入由个别年度的偶然现象逐渐向常态化发展，而超收收入的使用成为我国预算执行管理的一大难题。这是因为超收收入处于政府预算的"盘子"之外，非常容易脱离人大的监督。在这种情况下，超收收入使用改革具有非常重要的意义。

1. 超收收入使用改革的背景

超收收入是指收入预算的实际执行结果超过经人民代表大会批准的预算收入，是预算执行结果超过预算数的差额。由于预算只是一种预计安排，其执行结果往往是有一定差额的，或者超收，或者短收。由于我们在编制预算时通常强调要留有一定的余地，因而在实践中短收的情况较少，超收的情况较多。

预算是一种收支计划，应该允许决算数与预算数存在一定差距，但如果这种差距过大，就会带来一系列问题，比如超收收入的使用问题、超支资金的来源问题等都会对国家的经济建设和事业发展产生影响。历年来，我国存在数额不等的财政超收收入，特别是在 1994 年后，超收收入的数额呈逐年放大之势，这在一定程度上反映了我国财政预算约束的软化。从 1994 年实行分税制改革至 2007 年，我国的财政收入从 5 218.10 亿元增加到 51 321.78 亿元，累计收入 25.67 万亿元，年均增长 18%。在财政收入高速增长的同时，全国累计实现财政超预算收入 2.33 万亿元，占累计财政收入决算的比重为 9%。由此可见，财政超预算收入的规模偏大、比重偏高。此外，在这十四年中，每年的财政收入决算数均超过预算数，有十一个年份的预决算偏差率超过了 5%。也就是说，财政收入大幅超预算增长不是偶发事件，而是一种常态。特别是在 2001 年、2004 年和 2007 年，财政收入超预算增长更为引人注目，预决算偏差率均超过了11%，见表3-2。

表3-2 1994—2007年全国财政超预算收入情况

年度	财政收入预算数① （亿元）	财政收入决算数② （亿元）	超预算收入数 （亿元）	收入偏差率③ （%）
1994	4 759.95	5 218.10	458.15	9.63
1995	5 692.40	6 242.20	549.80	9.66
1996	6 872.18	7 407.99	535.81	7.80
1997	8 397.94	8 651.14	253.20	3.02
1998	9 683.68	9 875.95	192.27	1.99
1999	10 809.00	11 444.08	635.08	5.88
2000	12 338.00	13 395.23	1 057.23	8.57
2001	14 760.20	16 386.04	1 625.84	11.02
2002	18 015.00	18 903.64	888.64	4.93
2003	20 501.00	21 715.25	1 214.25	5.92
2004	23 570.00	26 396.47	2 826.47	11.99④
2005	29 255.00	31 649.29	2 394.29	8.18
2006	35 423.38	38 760.20	3 336.82	9.42
2007	44 064.85	51 321.78	7 256.93	16.47

注：① 参见1994—2007年的《中国财政年鉴》中的中央和地方预算报告。
② 参见2007年的《中国统计年鉴》。
③ 收入偏差率＝超预算收入数÷财政收入预算数×100%。
④ 2004年新增出口退税指标1 275.32亿元，冲减了财政收入，否则超预算收入占财政收入的比重会达到17.3%。

预算确定的税收收入增长在年初就已被预测到，并被安排到年度预算支出中，而税收超收是"计划外"收入，其用途并未在批准的预算中反映。从我国预算执行结果数据可以看到，在税收大幅超收的同时，预算支出也基本同步"超支"，即每年有一千多亿元税收超收收入未纳入年初的预算安排，而由政府在预算执行中"自主"追加安排支出。如此大量的税收超收收入由政府根据需要用于预算追加拨款，实际上打破了国家预算的整体安排和统筹规划。那么，税收超收是先用于弥补赤字还是先用于建设？是不是在我国社会经济发展的现阶段，所有的预算支出方向都是"必要的"？这部分超收的钱花到哪里了？使用它们要经过哪些程序？

在2007年以前，由于年初预算安排未包括超收部分，而且超收收入的投向在预算之外，因而人大如何监督政府分配使用，尚无法律规定。按当时《预算法》[①]的规定，其安排使用由政府自行决定，只需将执行结果报告人大，不需要事先报人大常委会进行审查和批准，也不具有强制性。既然不具有强制性，也就使得政府对超收收入有较大的"自由裁量权"。由于超收收入越超越多，那么超收收入过多带来的弊病也就显而易见了：因为预算收入不准确，使得财政资金的使用效率难以得到保证；使得决策者对财政政策执行的效果产生错误判断，对确定未来政策走势造成干扰；使得一些政府部门频繁追加支出预算，造成年底突击花钱的现象；更严重的是，还滋长了权力寻租的歪风，但由于制度的原因，导致超收收入居然多年游离于监督之外而得不到相应的重视。超收收入在每年人大会上是不明确汇报的，实际上，这只是对已经安排完的超收收入的通报。说白了，就是花完钱才向人大汇报，是一种事后追认。因此，超收收入这一块容易游离于人大监督之外，违反了《预算法》"先有预算，后有支出"的原则。

从地方的情况看，一些地方在编制财政预算时将预算收入指标故意定得低些，这样做能将超收余地留大，可给政府留出更多的机动资金，从而使得一些地方预算在执行中的超收规模越来越大。由于大多数地方将超收安排不纳入预算调整的范围，导致人大无法监督。有不少单位在编制预算时总是尽量把支出做多、把收入做少，与监管部门玩起了"猫捉老鼠"的游戏。由于缺乏监督，加上财政部门对超收安

---

① 指1994年3月22日第八届全国人民代表大会第二次会议通过的《预算法》。

第三章 预算执行：规范有序

排又缺乏明确的程序规定，因而往往造成扩大投资规模和重复建设，甚至滋生腐败现象。在各年的超收收入中，有相当一部分是由一次性因素或非正常因素形成的，这些收入与经常性财政收入不同，不应拿来当饭吃。如果在超收当年安排使用，就会抬高支出基数，加重以后年度的财政支出负担，影响财政稳健运行。

2. 超收收入使用改革

（1）超收收入的使用安排。1999年12月25日，第九届全国人民代表大会常务委员会第十三次会议通过的《全国人民代表大会常务委员会关于加强中央预算审查监督的决定》规定，中央预算超收收入可以用于弥补中央财政赤字和其他必要的支出。[1]

《全国人民代表大会常务委员会关于加强中央预算审查监督的决定》规定，在中央预算执行过程中需要动用超收收入追加支出时，应当编制超收收入使用方案，由国务院财政部门及时向财政经济委员会和预算工作委员会通报情况，国务院应向全国人民代表大会常务委员会做预计超收收入安排使用情况的报告。

（2）2007年设立中央预算稳定调节基金。为更加科学合理地编制预算，保持中央预算的稳定性和财政政策的连续性，我国从2007

---

[1] 以2007年为例，中央财政超收收入除依法增加有关支出外，主要用于办关系民生的大事、办建立机制制度的事。根据《关于2007年中央和地方预算执行情况与2008年中央和地方预算草案的报告》，中央财政超收收入4 168亿元用于以下几个方面：一是根据现行财政体制和制度规定增加安排支出1 014亿元。其中，增加对地方一般性转移支付和税收返还667亿元，车辆购置税超收117亿元专项用于病险桥梁维修改造等公路建设，铁道运输企业国有资产变现收入196亿元专项用于铁路建设，增加科学技术支出29亿元。二是改善民生和加强薄弱环节增加安排支出1 437亿元。其中，农林水事务支出161亿元，教育支出210亿元，社会保障和就业支出344亿元，医疗卫生支出313亿元，环境保护支出196亿元，廉租住房保障补助48亿元，公共安全、一般公共服务支出133亿元，文化支出11亿元。三是进一步增强财政经济运行的稳定性和可持续性安排1 717亿元，包括削减财政赤字450亿元、解决政策性粮食财务挂账历史欠账235亿元、增加中央预算稳定调节基金1 032亿元。根据《国务院关于2007年中央决算的报告》，在决算清理期新增的收入23亿元主要用于安排抗灾救灾支出等。

年开始设立中央预算稳定调节基金，专门用于弥补短收年份预算执行收支缺口。中央财政收入预算由财政部在征求征管部门意见的基础上编制，不再与征管部门编制的征收计划直接挂钩。中央预算稳定调节基金单设科目，安排基金时在支出方反映，调入使用基金时在收入方反映，基金的安排使用纳入预算管理，接受全国人大及其常委会的监督。

从2008年起，如果在年度执行中有超收，除按法律法规和财政体制规定增加有关支出，以及用于削减财政赤字、解决历史债务、特殊的一次性支出等必要支出外，原则上不再追加具体支出，都列入中央预算稳定调节基金，转到以后年度经过预算安排使用，以便更好地保障重点支出需要、规范预算管理、增强预算约束力，也有利于提高预算透明度以及依法行政和依法理财水平，还有利于全国人大及其常委会和广大人民群众对超收收入安排使用的监督。

（3）《预算法》明确规定了超收收入的用途。《预算法》第六十六条规定，各级一般公共预算年度执行中有超收收入的，只能用于冲减赤字或者补充预算稳定调节基金。各级一般公共预算的结余资金，应当补充预算稳定调节基金。省、自治区、直辖市一般公共预算年度执行中出现短收，通过调入预算稳定调节基金、减少支出等方式仍不能实现收支平衡的，省、自治区、直辖市政府报本级人民代表大会或者其常务委员会批准，可以增列赤字，报国务院财政部门备案，并应当在下一年度预算中予以弥补。自此，超收收入的使用方向在法律上有了明确规定。

（4）《预算稳定调节基金管理暂行办法》对超收收入的使用做了进一步明确。2018年3月，财政部为建立全面规范透明、标准科学、约束有力的预算制度，实施跨年度预算平衡机制，进一步规范预算稳定调节基金的设立和使用，根据《预算法》等法律法规，制定了《预算稳定调节基金管理暂行办法》，其中第四条规定：一般公共预算的超收收入，除用于冲减赤字外，应当用于设置或补充预算稳定调节基金。这就为超收收入的规范使用进一步指明了方向。

2007年建立的中央财政预算稳定调节基金，在当时的财政体制下，对稳定中央预算、规范超收收入管理起到了一定作用。《预算法》及《预算稳定调节基金管理暂行办法》对超收收入使用在法律法规上做了进一步明确，使超收收入的规范使用具备了法律依据，但这些属于超收收入的事后治理情况，大幅超收不应成为财政运行的常态。要从根本上解决财政超收问题，必须进一步改进和完善预算管理，提高预算编制的准确性，强化预算执行的严肃性，提升人大监督的有效性。

三、预算执行现状及存在的问题

（一）预算执行现状

我国在预算执行方面基本具备了规范化、制度化、高效化的运作框架。自2000年以来，我国在预算执行方面实行了国库集中支付、政府采购、超收收入使用等多项改革，进行了多项制度创新，使预算执行具备了规范化、制度化、高效化的新框架，提高了预算执行的效率。

（二）预算执行存在的问题

1.预算执行的"真空期"问题

部门预算执行出现了法律空当。我国一直实行历年制预算年度（每年1月1日至同年12月31日），而中央和地方预算草案要待3月举行的各级人民代表大会审批（全国人民代表大会一般在3月召开。近年来，地方人民代表大会的召开时间有前移至1~2月的趋势），致使预算年度的起始日先于人民代表大会的审批日，造成部门预算获得批准并开始执行的时间远远滞后于预算的编制。这意味着一年中有1/4的时间实际上没有预算，或者说执行的是未经法定程序审批的部门预算，这就是我国政府预算先期执行的问题。这不仅冲击了部门预算的正常进行，而且使部门预算的严肃性大打折扣。由于这段时间中各级预算执行没有法律依据，出现了"约束真空"，这就为随意支出提供了机会，不仅助长了各级、各部门"先斩后奏"的支出冲动，而且极大地削弱了年度预算作为法律性文件的权威性。

2. 预算调整存在的问题

（1）预算调整的程序缺乏弹性。《预算法》规定，预算调整应当编制预算调整方案报人民代表大会常务委员会审批，未经批准，各级政府不得做出调整预算的决定。但在实际工作中，往往会出现一些编制预算时不可预见的重大事件，诸如公共风险和公共危机等。这些事件一旦发生，需要政府快速反应、及时应对。因此，需要《预算法》相应规定灵活的程序，变事前控制为事后监督，赋予政府在应对重大突发事件时临时调整预算的权力。

（2）科目之间流用管理不规范。不同预算科目之间资金随意划转、调剂，影响预算的严肃性。《预算法》对资金在不同预算科目之间的调剂使用未加以限制，只需报请本级财政部门批准即可，但这种规定不够全面。从世界各国的通例来说，追加预算（包括预算收支内容的变动和项目的调整）都需要经过预算审批部门审批，而科目之间的调整可以由政府部门决定。

（3）预算频繁追加和调整。预算经人民代表大会批准后就具有法律效应，必须严格执行。如果在执行过程中确需调整，政府必须将预算的调整方案提请人民代表大会常务委员会审查批准；未经批准，一律不得调整预算，严禁"先斩后奏"，特别是要严格控制预算科目之间的资金调剂，防止随意挪用和挤占资金，使人民代表大会批准的预算真正成为"铁预算"。但是，在实际中存在预算频繁追加和调整的现象，造成预算执行不规范，并冲击了预算的严肃性。

3. 预算执行中的法定支出问题

《中华人民共和国教育法》《中华人民共和国义务教育法》《中华人民共和国科学技术进步法》《中华人民共和国农业法》等多部法律、行政法规以及一些地方性法规、地方政府规章和政策性文件规定了法定支出，并采取了支出与财政收支增幅或国民生产总值挂钩的模式。法定支出对于保障特殊领域支出、推进基本公共服务均等发展起到了一定作用。但是，随着经济社会发展和预算管理水平不断提高，其弊端逐步显现。例如，支出增长挂钩模式造成某些领域支出规模或比例不断扩大，其他同样需要资金的领域却因为没有类似法律依据无法得到保障，从而弱化了预算分配功能和统筹能力，影响了财政的正常运转。

4. 预算执行中的政策制定与预算的分离

在下级政府执行当年预算的过程中，上级政府可能会制定新的政策并要求下级政府执行，而且在大多数情况下，这些政策会导致一些强制性支出，但上级政府并不为这些政策的实施提供相应的资金或只提供部分资金。下级政府为了执行这些政策就必须向财政部门申请新的预算。在某些情况下，下级政府还可能转嫁一部分政策成本到其下一级政府。

在政策制定与预算过程分离的环境中，虽然财政部门负责编制预算，但它无法控制政策，无法从预算的角度严格审查政策的合理性和政策成本，而所有的政策制定以后都是要安排资金的，这就使得预算过程中充满了各种政策导致的不确定性。

5. 预算约束软化与财政资金低效使用

有些部门的预算支出规模在预算编制、执行、决算各环节的变动幅度较大，预算刚性不强，主要表现为支出超预算较大、已定的项目预算执行不严格、挤占挪用资金、虚列支出等。

6. 国库集中收付制度存在的问题

（1）制度体系需要进一步改革。目前，我国国库集中收付制度的主体框架仍然基于2001年出台的《财政国库管理制度改革试点方案》，随着财政金融改革及现代化支付系统、金财、金税和金融电子化的快速发展，使得改革的内外部环境发生了巨大变化，同时现有制度的局限性和不足也日益显现。在2000年以后，虽然我国陆续出台了各种文件、规定和办法，但这些制度规定比较分散，缺乏完整的制度体系。

（2）信息管理系统有待完善。当前，我国国库收付业务的电子化程度较高，已实行信息流和资金流"双通道"控制。但在实践中，国库集中支付管理系统和非税收入收缴管理系统的稳定性有限。第一，国库集中支付管理系统存在支付信息增多或丢失的现象。第二，非税收入收缴管理系统的信息流和资金流不能同步。第三，非税收入和国库集中支付的信息流与资金流不能自动互相牵制，信息流不能全程互联。第四，国库集中支付仍然存在"最后一公里"问题。第五，非税收入收缴仅实现从纳税人到代收代缴商业银行的半自动化划缴。

（3）国库现金管理工作有待加强。在提升国库资金的效益方面，还有许多工作要做。例如，在国库现金管理的操作程序上，如何进一步明确财政部与中国人民银行的职责；如何建立完善的风险防范机制，在商业银行发生流动性危机或违约的情况下保障国库资金的安全；如何丰富国库现金管理的操作方式等。

7.政府采购制度改革的问题

（1）政府采购规模依然较小。根据国际经验，一个国家的政府采购规模通常为 GDP 的 10%～15%，或者为财政支出的 30%～40%。从 1998 年实行政府采购制度改革以来，我国政府采购规模持续增长，2016 年的政府采购规模占 GDP 和全国财政支出的比重分别为 3.5% 和 11%。我国政府采购的规模和比例仍然相对较小，与国际平均水平相差甚远。

政府采购规模偏小，必然会限制各项政府采购政策目标的实现。我国的政府采购在范围上仍比较窄，特别是大量工程项目因为适用招投标法律而不属于政府采购的调整范围，从而限制了政府采购政策作用的有效发挥。此外，虽然很多法律法规都提出了运用政府采购来促进特定行业或部门发展的政策要求，但缺乏制度基础和执行措施，从而制约了政府采购在促进自主创新、节能环保、中小企业发展等方面功能的实现。

（2）政府采购透明度不高，《中华人民共和国政府采购法》（以下简称《政府采购法》）规定的公开透明原则在实际执行中存在较大的偏差。根据中国社会科学院法学研究所国家法治指数研究中心、中国社会科学院法学研究所法治指数创新工程项目组发布的《政府采购透明度评估报告（2016）》，我国政府采购的信息公开情况仍不理想，主要表现为地市级政府公开情况不佳。此外，协议供货模式的信息公开情况也不好，在发布渠道、信息更新、信息详细程度等方面存在不足。政府采购透明度不高，就为寻租乃至腐败提供了滋生空间，导致政府采购中的腐败风险剧增。

（3）监督问责机制不完善。自 2014 年以来，在简政放权、放管结合的行政体制改革要求下，政府采购的管理理念和机制也发生了一些变化，主要是对政府采购管理从过程导向转变为结果导向。然而，目前有关采购人、供应商、采购代理机构、电子化采购、监督检查等方面的管理办法尚未出台，在采购需求标准、采购文件标准等采购标准建设方面仍存空白，同时监督问责机制尚未完善。这些配套机制没有及时跟进，将难以对采购单位形成有效监管，必然会制约简政放权对提高效率的作用。

四、深化预算执行改革

健全预算执行管理体系，严格预算的控制、核算和决算，完整反映预算资金流向和预算项目的全生命周期情况。

（一）完善《预算法》，确保预算的法定性

预算是具有特殊性质的法案，预算的编制过程既是政策性、技术性比较强的操作过程，也是立法的过程。执行预算实际上是执法的过程，法定性不仅体现在预算编制过程，而且体现在预算执行的动态管理中。

1. 修订《预算法》

（1）重新界定预算调整的概念，规范预算调整行为，明确规定在预算执行过程中，预算部门或项目之间的资金调剂应经本级政府审定，并接受本级人民代表大会常务委员会的审查和监督，非经法定程序不得调整和变更。

（2）强化预算执行的保障措施，明确规定违反《预算法》的行政责任和刑事责任。

（3）增强执行预算的法律意识。预算是具有法律效力的收支计划，是一个法的规范，财政部门应增强依法理财观念，建立预算执行的奖惩机制，增强预算的法律意识和法律责任。

2. 调整预算年度起讫时间，消除预算执行的真空期

解决预算先期执行的根本点在于调整预算年度与人民代表大会审批的时间，具体有三种方法：

（1）预算年度不变，调整人民代表大会召开的时间。然而，人民代表大会的议题并非仅审议财政预算，还有其他重要议题，这些工作涉及国计民生的方方面面，人民代表大会召开的时间一动则百动，其影响面较大，所以需要慎重考虑。

（2）预算年度和人民代表大会召开的时间均不变，提前编制和提前审批预算。虽然这种方法对两方面都能照顾到，但预算编制时间太早，与执行时的实际情况会产生较大差距，同时审批和执行的间距时间较长，不利于工作的衔接。

（3）人民代表大会召开的时间不变，调整预算年度。这种方法是打破历年制，实行跨年制。考虑到以年度来安排工作的传统，可以将预算年度定为公历每年的7月1日到次年的6月30日。与此同时，增加人民代表大会审批预算的时间，各级政府至少应在同级人民代表大会举行的前两个月向人民代表大会常务委员会有关委员会汇报预算编制情况，而且提交的预算草案必须细化到"款""项"，并且逐渐细化到"目"，以保证人民代表大会有足够的时间对政府提交的预算草案进行详细的审查。这样一来，每年下半年开始执行新的预算，时间和工作衔接较方便。

（二）严格预算执行，增强预算约束力

预算编制完成后，关键在于严格执行。我国要以《预算法》为准则，改变传统的粗放管理方式，以维护预算执行的严肃性。目前，财政部门既负责预算的编制，又负责组织各部门预算的执行，这一机制制约了有关部门在组织预算执行中的积极性及相关责任。今后，预算

编制由财政部门负责，预算执行由有关部门负责。与此同时，完善财政部门内部各机构的职能分工，明确各自职责，理顺预算管理各环节，将预算编制和组织预算执行两项业务严格分开，分别由不同职能部门来完成。

（三）严格预算的调整和变动

（1）严格预算调整的审批程序。预算调整方案应当在本级人民代表大会常务委员会全体会议一个月前提交预算委员会进行初步审查，形成初步审查决议。

（2）准确合理地编制预算，减少预算调整。第一，对财政收入预算进行合理预测，控制超收和短收引起的预算调整。第二，准确测算预算年度的可用财力，减少财力变化引起的预算调整。第三，细化预算，有利于强化预算的严肃性，减少随意调整。

（3）在预算执行的过程中，应形成衡量预算执行情况和评价支出项目的一套方法及指标，并对预算调整申请运用成本-效益分析方法进行评估和审核。

（四）避免财税政策变化对预算执行的影响

为了避免或减小财税政策变化对预算执行的影响，可以从两个方面着手：

（1）原则上不出台对当年预算执行有影响的减收增支政策，即使要出台，也应从下一年度开始执行。与此同时，必须立足于制订具有连续性的中长期财政计划，然后在此基础上编制某一年度的预算草案，从而控制政策的"临时"变化。

（2）要考虑下级财政的承受能力。按现行分级财政管理体制，在地方可用财力更多地受制于上级而不能完全自主的情况下，因政策调整而对下级财政造成减收增支的，需要全面考虑下级财政的承受能力。具体说来，可从三个方面考虑：一是将政策实施范围尽量限定在本级政府和部门之内，确需下级政府比照执行的，由下级政府制定具体规定。二是在政策出台之前，先征求下级政府的意见，尽量在下级政府财力许可的范围内制定政策。三是对于必须出台而下级财政又无力承受的政策，上级财政应给予必要的财力补偿。

（五）完善国库管理制度

在预算执行过程中如何加强对预算资金的控制在整个预算环节中占据了举足轻重的地位。为了加强对预算资金使用的控制，需要进一步完善国库管理制度。

（1）完善国库单一账户体系设置，在现行的国库单一账户体系中设立资本性账户，用于规范国库现金管理，同时规范财政专户管理。

（2）加快国库集中收付信息化建设。统一制定具有系统性、完整性和前瞻性的信息化系统整合建设发展规划，精简预算资金流转环节，大力构建直联中央银行、财政、征收机关、国库、代理银行、各监督机关及预算单位的、安全顺畅高效的电子信息共享交流平台，实现对预算资金的全程监测和实时处理。

（3）加强国库现金管理。《预算法》第五十九条第五款规定："各级政府应当加强对本级国库的管理和监督，按照国务院的规定完善国库现金管理，合理调节国库资金余额。"该规定是《预算法》第一次对国库现金管理做出明确规定，对于推动各级政府做好国库现金管理工作起到了引导和法律保障的作用。在确保库款安全的基础上，各级政府应遵循安全性、流动性和收益性相结合的原则，积极探索建立适合我国国情的国库现金管理模式。

（六）健全政府采购制度

健全政府采购制度需要优化政府采购的需求管理和交易制度，强化政府采购的政策功能。完善我国政府采购制度的建议如下：

（1）拓宽政府采购的范围，扩大政府采购的规模。进一步扩大政府采购的规模，将货物类采购从通用类货物向专用类货物延伸，将工程类采购与《政府采购货物和服务招标投标管理办法》的规定相衔接，将服务类采购从专业服务扩展到服务外包、公共服务等新型服务领域。在扩大政府采购的过程中，服务类采购是重点。政府采购范围的扩大，采购规模的提高，不仅能发挥政府采购在政治、经济和社会等方面的功能，还能发挥政府采购在支持节能环保、扶持不发达地区和少数民族地区等方面的社会功能。

（2）细化政府采购预算编制，提高政府采购的透明度。各预算单位在编制部门预算的同时应编制政府采购预算，明确规定政府采购预算编制的具体内容，细化预算编制的项目和要求，使政府采购预算与部门预算实现同步编制，并在部门预算中一一列示。与此同时，我国还应提高政府采购预算编制过程和操作方法的科学性，加强财政部门对各预算单位政府采购预算的审核，保障政府采购预算的质量和可操作性。目前，《预算法》《政府采购法》以及《中华人民共和国政府采购法实施条例》（以下简称《政府采购法实施条例》）尚未对政府采购预算编制做出明确规定，需要在下一步的法律法规体系完善中加以明确。在规范编制政府采购预算的基础上，我国还要加强政府采购预算的公开，使政府采购更透明，这也是政府预算管理的基本要求。

（3）完善监督问责机制。完善政府采购的监督问责机制，需要着眼于政府采购的全过程，特别要加强政府采购的源头管理和结果管理，做到科学合理确定采购需求，严格监督供应商的履约情况，及时披露采购程序、招标投标结果、验收结果、投诉结果以及监督检查结果，为外部监督提供制度环境，使政府采购有效回应公众的质疑和公众的公共服务需求。此外，我国还应加快制定有关采购人、供应商、代理机构管理、电子化采购、涉密采购、监督检查等急需的管理办法，以及采购需求标准、采购文件标准等采购标准，对采购单位形成有效监管，使采购结果"物有所值"。

（4）拓展对外合作新空间。加入GPA对我国具有双重影响：一方面，可以增加我国企业的产品和服务进入国际市场的机会，同时借助GPA促进我国政府采购制度的改革；另一方面，我国的政府采购市场将对外开放，从而使部分国内产业受到冲击，而且GPA的实施将对我国政府采购制度提出更高要求，需要处理好对外开放与产业保护的矛盾。我国应积极做好加入GPA的相关工作，在履行政府采购市场对外开放承诺的同时，对相关制度和法律进行完善。与此同时，我国应借鉴发达国家的实践经验，科学制定政府采购政策的调控目标、实施办法和配套措施，加强政府采购政策与产业政策、贸易政策等各项政策的相互衔接。

第四章
决算管理：内容明晰

政府预算经过批准后，进入预算执行阶段，在预算执行完毕后，就进入了整个预算管理过程的最后环节——决算。从静态上说，决算是指政府预算执行的最终结果，也是政府下一年预算编制的重要依据之一；从动态上说，决算是指政府预算执行的事后确认，也是预算程序的最后一环。决算是对预算执行结果的全面总结，由于各方面原因，预算执行的结果不可能与预算完全一致。政府预算执行情况究竟怎样，收支任务是否完成，收支的平衡状况如何，只有通过决算才能准确客观地反映出来。但决算绝不仅仅是事后报账，我们不仅要看钱花得如何，更要看事情办得怎么样。

一、决算管理概述

（一）决算的意义

政府决算是经过法定程序批准的年度预算执行结果的会计报告，是预算年度收入和支出的最终结果，也是政府政治经济活动在财政上的集中反映。决算编制在整个预算管理过程中具有重要意义。

1. 决算是国家政治经济活动在财政上的集中反映

政府决算反映预算执行的实际结果，体现一个预算年度内政府实际活动的范围、内容、方向和成效。通过决算编制，可以掌握政府预算以及国民经济和社会发展计划的实际执行情况，了解政府有关方针政策的贯彻执行情况以及预算年度内财政资金运动的流量和流向。

2. 决算反映预算执行结果

决算收入反映年度预算收入的总规模、来源和构成，体现国家集中资金的程度和国家资金的积累水平。决算支出反映年度预算支出的总规模、支出方向、支出构成以及各种重要比例关系，体现国家经济建设和事业发展的规模及速度。决算中的各项基本数字反映了各项事业发展的进程和成果，也反映出财政管理体制改革的成就。

3. 决算是研究和修订国家财政经济决策的基本依据

通过政府决算的编制和分析，可以从预算资金积累和分配使用的角度总结一年来各项经济活动在贯彻执行国家有关方针政策上的情况，为国家决策机构研究经济问题、进行经济决策提供信息资料和依据。与此同时，决算是系统整理和积累财政预算统计资料的主要来源，通过决算数字的总结、分析，可以总结一年来预算编制、预算执行、预算管理、预算平衡以及预算资金使用效果和预算监督等方面的经验教训，为制定下年度预算控制指标提供数字基础。

4. 决算是民主理财制度的基础

在现代公共财政体制中，预算编制和执行必须接受纳税人的监督；对财政部门来讲，这是一种有效的外部制约机制。我国每年都要在国内的重要期刊或网络上公布政府预、决算数字，这种向人民公开披露信息的制度，不仅有利于财政部门加强内部监督，而且能增加政府资金运作的透明度，解决政府与纳税人之间的信息不对称问题，从而促进纳税人参政议政意识的提高，对推动民主理财、深化市场经济改革具有重要意义。

（二）决算的组成

政府决算的体系同政府预算构成相一致，也是按照国家政权结构和行政区域来划分的。根据我国《宪法》和国家预算管理体制的具体规定，一级政权建立一级预算。年度终了，凡是编制政府预算的地方、部门和单位都要按照国家统一规定，正确、完整、及时地编制决算。政府决算在内容上由决算报表和文字说明两部分构成。

决算从不同的角度可以进行不同的划分：按预算级次划分，可分为中央级决算和地方总决算；按决算编制的单位划分，可分为总决算、部门决算和单位决算。

1. 中央级决算和地方总决算

中央级决算由中央主管部门的行政事业单位决算、企业财务决算、基本建设财务决算、国库年报和税收年报等汇总而成。地方总决算由省（自治区、直辖市）总决算汇总而成。各种决算按其隶属关系汇总，下级决算包括在上级决算中，地方总决算包括在国家决算中。

2. 总决算、部门决算和单位决算

总决算是总预算执行最终结果的报告文件，是各级财政部门汇总本级及其下级政府的年度实际收支所编制的决算。部门决算与部门预算相对应，是指由预算部门编制的决算，编制部门预算的部门，年度终了都要编制部门决算。单位决算由执行单位预算的行政事业单位编制。

参与组织预算执行、经办预算资金收缴和拨款的机构，如国库、税务部门、企业利润监缴机关、中国建设银行、中国农业银行等也要编制年报和决算。这些机构、部门、单位编制的各种年报和决算，都是各级总预算和全国总决算的重要组成部分。

二、决算管理改革

（一）相关法律法规对于决算管理的规范

1.预算法律法规不断完善，决算的法律地位得到确立

在新中国成立后至1991年，我国实行过的主要预算法律法规为1951年8月19日政务院公布的《预算决算暂行条例》。1991年10月21日，国务院颁布了《国家预算管理条例》，自1992年1月1日起开始施行；1994年3月22日，《中华人民共和国预算法》出台，自1995年1月1日起施行。二十年后，经修订的《预算法》颁布，自2015年1月1日起施行。由暂行条例到管理条例，再到预算法及修订的预算法，由国务院颁布的行政法规，到立法机关全国人民代表大会常务委员会立法通过的法律，预算管理的法律法规提升到最高层级，而且经过修订，使《预算法》得到进一步完善。

1995年施行的《预算法》，明确了决算的法律地位。《预算法》第五十九条规定："决算草案由各级政府、各部门、各单位，在每一预算年度终了后按照国务院规定的时间编制。编制决算草案的具体事项，由国务院财政部门部署。"第六十一条规定："各部门对所属各单位的决算草案，应当审核并汇总编制本部门的决算草案，在规定的期限内报本级政府财政部门审核。各级政府财政部门对本级各部门决算草案审核后发现有不符合法律、行政法规规定的，有权予以纠正。"第六十四条规定："地方各级政府应当将经批准的决算，报上一级政府备案。"

2.预算法律法规对决算管理的规定更加细化

1995年11月发布的《中华人民共和国预算法实施条例》第六十八条规定："各单位应当按照主管部门的布置，认真编制本单位

决算草案，在规定期限内上报。各部门在审核汇总所属各单位决算草案基础上，连同本部门自身的决算收入和支出数字，汇编成本部门决算草案并附决算草案详细说明，经部门行政领导签章后，在规定期限内报本级政府财政部门审核。"2015年实施的《预算法》在第八章决算中，从第七十四条到第八十二条，对决算管理进行了非常详细的规定，使得在决算管理的实践中遵法执法更为切实可行。

3. 行政事业单位财务会计制度改革、部门预算改革，为部门决算实施奠定了制度基础

与预算编制管理模式相对应，在很长一段时期内，我国决算管理均按照经费管理渠道，由财政部门各个业务口分别设计、布置和汇总，形成了财政总决算、行政事业单位决算和预算外资金（基金）及附加收支决算的状态。这种模式能够满足财政部门内部各个业务部门的特殊管理需求，但也造成了"决算表格不统一、口径不统一，行政事业单位需要填报多套报表"等问题。在1997年前后，财政部改革了行政事业单位财务会计制度，使其财务管理和会计核算方法趋向统一。1998年，财政部决定年度决算开始实施"统一报表"，按照"统一设计、口径一致、集中布置、一表多用、数据共享"的基本原则，建立全国统一的决算报表体系。2000年，我国开始实行部门预算改革，即将单位全部收支编入一本预算，为实行部门决算夯实了制度基础。

4.《政府会计准则——基本准则》的施行，确立了决算结果载体的"双报告"模式

2017年1月1日开始实施的《政府会计准则——基本准则》确立了我国政府会计"双体系、双基础、双报告"的基本模式，其中"双报告"是指政府决算不仅要编制政府决算报告，而且要编制政府财务报告，两者相互补充，全面反映政府受托责任。

（二）决算结构改革：财政总决算+部门决算两大模块

1. 在决算结构上形成财政总决算和行政事业单位决算两大模块

从 2004 年开始，为了全面准确反映预算执行结果和单位财务收支情况，一方面，财政部将财政总决算、预算外资金收支决算和行政事业单位决算进行了整合，将政府财政收支预算变动和资产负债状况报表并入财政总决算，并逐步将国有资产经营预算、社会保险基金预算的收支决算纳入财政总决算范畴；另一方面，将预算外资金收支决算纳入行政事业单位决算，并强调行政事业单位决算与部门预算、单位财务会计制度、财政总决算之间的衔接和协调。

财政总决算反映各级政府预算收支的年度执行结果，按预算管理级次划分为中央财政决算和地方财政总决算，分别按照政府收支分类科目的收入分类、支出功能分类和支出经济分类进行编制，全面反映政府收支情况。

行政事业单位决算反映行政事业单位年度预算执行情况和财务收支状况，由各地区、各部门按照预算管理级次或财务管理关系，逐级汇总。

2. 部门决算管理改革：从行政事业单位会计决算到部门决算

（1）行政事业单位会计决算报告制度。为进一步加强行政事业单位各项资金和会计信息管理工作，规范行政事业单位会计决算行为，保证会计决算信息质量，根据《中华人民共和国会计法》、《中华人民共和国预算法》、《行政单位会计制度》、《事业单位会计制度》、《行政单位财务规则》和《事业单位财务规则》等法律规章，2002 年 3 月 5 日财政部发布了《行政事业单位会计决算报告制度》。《行政事业单位会计决算报告制度》是一部全面规范行政事业单位会计决算报告的重要规章，对我国行政事业单位的各项资金管理和会计信息管理产生了深远影响。通过建立行政事业单位会计决算报告制度，收集汇总行政事业单位财务收支，经费来源与运用，资产与负债，机构、人员与工资等方面的基本数据，全面、真实地反映行政事业单位财务状况和预算执行结果，为财政部门审查批复决算和编制后续年度财政预算提供基本依据，并满足国家财务会计监管、各项资金管理以及宏观经济决策等方面的信息需要。

（2）部门决算管理制度。部门决算是指行政事业单位在年度终了，根据财政部门决算编审要求，在日常会计核算的基础上编制的、综合反映本单位预算执行结果和财务状况的总结性文件。为加强部门决算管理工作、提高部门决算信息质量、发挥部门决算在财政财务管理中的作用，根据《中华人民共和国预算法》、《中华人民共和国会计法》、《行政单位财务规则》、《事业单位财务规则》和《事业单位会计准则》等法律规章，财政部对《行政事业单位会计决算报告制度》进行了修订，在2013年12月10日印发了《部门决算管理制度》，自2014年1月1日起施行。与此同时，《行政事业单位会计决算报告制度》予以废止。《部门决算管理制度》确定了部门决算管理的主要内容，包括行政事业单位会计决算报告的编制范围、编制内容、工作组织、填报审核、汇总上报、质量核查及数据资料管理等。

《部门决算管理制度》的施行，提高了部门决算管理的科学性和规范性，对于建立健全预算与决算相互反映和相互促进的工作机制、发挥部门决算在财政财务管理中的作用、提高财政资金使用效益具有重大的现实意义，为建立政府综合财务报告制度、全面反映行政事业成本奠定了坚实的基础。

（三）决算结果载体改革：政府决算报告＋政府财务报告的"双报告"模式

1. 改革背景

长期以来，我国实行的是以收付实现制为基础的预算会计，未建立以权责发生制为基础的政府财务会计体系，对于政府决算的结果以政府决算报告形式披露，未编制政府财务报告。政府决算报告模式建立在1997年确立的"三制一则"预算报告体系之上，实际上只是以预算会计报表为核心的一种报表体系，主要由财政总决算报表和部门决算报表组成，反映政府年度预算执行情况的结果，而且能够准确反映政府预算收支情况，对加强预算管理和监督发挥了重要作用。但是，单纯实行预算会计存在较多弊端，因为它只能核算反映政府财政预算收支情况，无法完整反映政府拥有的资源、政府的各类负债、政府的运行成本和费用，对政府财政能力和财政责任不能进行科学有效的会计记录、分析评价和报告披露。

近年来，由于地方政府债务不断积累，因而财政风险越来越大。为了改变这种状况，我国政府准备用"地方债"这种显性的债务管理模式作为将债务纳入预算管理的主要措施，就是所谓的"堵后门开前门"。而要发行地方债，必须对地方财政的风险和可持续性以及地方政府的信用做出科学的评价。这就需要真实科学的政府财务报告作为分析的信息基础。权责发生制政府财务报告比收付实现制政府财务报告更能全面真实地反映政府债务。

因此，在保留和完善现行预算会计的基础上，亟须建立政府财务会计体系，以全面反映政府财务状况、运营情况和履行受托责任的情况，为实现公共财政可持续发展、加强宏观经济调控提供坚实的会计信息基础和管理手段。权责发生制政府财务报告制度正是在这种背景下推出的。

2. 改革进程

（1）政府综合财务报告试编。2011年3月，第十一届全国人民代表大会第四次会议批准的《中华人民共和国国民经济和社会发展第十二个五年规划纲要》提到"进一步推进政府会计改革，逐步建立政府财务报告制度"，正式提出了建立政府财务报告制度的要求。2012年，财政部发布《2011年度权责发生制政府综合财务报告试编办法》（以下简称《办法》）。按照《办法》的规定，在试编阶段，政府综合财务报告主要包括政府财务报表、政府财务报表附注、政府财政经济状况、政府财政财务管理情况四部分。2011年，财政部选择了北京、天津等11个省市试编了权责发生制政府综合财务报告；到2012年新增了上海等12个省市，试编范围增加到23个省市及其所属74个市县（区）；到2013年更是将试编范围扩大到全国36个省市。至此，试编工作推广至全国所有的省份。

（2）政府综合财务报告试点。2013年11月，中国共产党第十八届中央委员会第三次全体会议审议通过的《中共中央关于全面深化改革若干重大问题的决定》提出"改进预算管理制度"，实施全面规范、公开透明的预算制度，"建立跨年度预算平衡机制，建立权责发生制的政府综合财务报告制度，建立规范合理的中央和地方政府债务管理及风险预警机制"，对建立权责发生制政府综合财务报告制度提出了明确要求。财政部部长楼继伟在随后召开的全国财政工作会议上强调，要"围绕建立权责发生制政府综合财务报告制度，研究制定政府综合财务报告制度改革方案、制度规范和操作指南"。

2014年全国两会上，李克强总理所作的《政府工作报告》中将"推行政府综合财务报告制度"列为2014年财税改革的"重头戏"，并把它作为"防范和化解债务风险"的重要举措。10月，《国务院关于深化预算管理制度改革的决定》提出："研究制定政府综合财务报告制度改革方案、制度规范和操作指南，建立政府综合财务报告和政府会计标准体系，研究修订总预算会计制度。待条件成熟时，政府综合财务报告向本级人大或其常委会报告。研究将政府综合财务报告主要指标作为考核地方政府绩效的依据，逐步建立政府综合财务报告公开机制。"

2014年12月12日，国务院批转了财政部《权责发生制政府综合财务报告制度改革方案》，改革的任务主要包括四个方面：建立健全政府会计核算体系、政府财务报告体系、政府财务报告审计和公开机制、政府财务报告分析应用体系，先行试点、逐步推进：2014—2015年的重点是建立健全政府会计准则体系和财务报告制度框架体系，清查核实政府资产负债信息，开展政府综合财务管理信息系统建设。2016—2017年是在前期准备的基础上，开展政府综合财务报告编制试点。2018—2020年是在试点工作的基础上，全面开展政府综合财务报告编制工作，建立健全政府财务报告分析应用体系，制定发布政府财务报告审计制度、公开制度等。

2015年开始实施的《预算法》第九十七条明确规定："各级政府财政部门应当按年度编制以权责发生制为基础的政府综合财务报告，报告政府整体财务状况、运行情况和财政中长期可持续性，报本级人民代表大会常务委员会备案。"将"编制以权责发生制为基础的政府综合财务报告"首次写入《预算法》中，奠定了权责发生制政府综合财务报告制度的法律地位。

2015年11—12月财政部接连印发了《政府财务报告编制办法（试行）》、《政府综合财务报告编制操作指南（试行）》和《政府部门财务报告编制操作指南（试行）》三项制度，为落实党中央、国务院关于建立权责发生制政府综合财务报告制度的决策部署迈出关键一步，初步建立起较为完整的政府财务报告编制制度。

在试编五年之后，财政部提出政府综合财务报告由试编到试点过渡，2016年正式试点编制政府综合财务报告。

3. 确立政府决算报告＋政府财务报告的"双报告"模式

为了规范政府的会计核算，保证会计信息质量，根据《中华人民共和国会计法》《中华人民共和国预算法》和其他有关法律、行政法规，2015年10月财政部制定公布了《政府会计准则——基本准则》（以下简称《准则》），自2017年1月1日起施行。《准则》适用于各级政府、各部门、各单位（以下统称"政府会计主体"）。其中，各部门、各单位是指与本级政府财政部门直接或者间接发生预算拨款关系的国家机关、军队、政党组织、社会团体、事业单位和其他单位（军队、已纳入企业财务管理体系的单位和执行《民间非营利组织会计制度》的社会团体，不适用本《准则》）。

《准则》规定，政府会计由预算会计和财务会计构成，预算会计实行收付实现制，国务院另有规定的，依照其规定。财务会计实行权责发生制。政府会计主体应当编制决算报告和财务报告。决算报告的目标是向决算报告使用者提供与政府预算执行情况有关的信息，综合反映政府会计主体预算收支的年度执行结果，有助于决算报告使用者进行监督和管理，并为编制后续年度预算提供参考和依据。政府决算报告使用者包括各级人民代表大会及其常务委员会、各级政府及其有关部门、政府会计主体自身、社会公众和其他利益相关者。财务报告的目标是向财务报告使用者提供与政府的财务状况、运行情况（含运行成本，下同）和现金流量等有关的信息，反映政府会计主体公共受托责任履行情况，有助于财务报告使用者做出决策或者进行监督和管理。政府财务报告使用者包括各级人民代表大会常务委员会、债权人、各级政府及其有关部门、政府会计主体自身和其他利益相关者。

政府会计主体应当对其自身发生的经济业务或者事项进行会计核算，政府会计核算应当以政府会计主体持续运行为前提。政府会计核算应当划分会计期间，分期结算账目，按规定编制决算报告和财务报告。

《准则》确立了我国政府会计"双体系、双基础、双报告"的基本模式，其中"双报告"是指政府决算不仅要编制政府决算报告，而且要编制政府财务报告，两者相互补充，全面反映政府受托责任。至此，我国政府决算结果载体采用政府决算报告+政府财务报告的"双报告"模式。在统一、规范的政府会计准则体系的基础上适度分离政府预算会计与财务会计、政府决算报告与财务报告功能，能够为全面反映政府预算执行信息和政府财务信息，为开展政府信用评级、加强资产负债管理、改进政府绩效考核、防范财政风险提供支持，有利于立法机构和公众对政府资金分配与运行进行监督及管理。

三、决算管理现状

（一）决算编制与审批

1. 决算编制程序

（1）财政部拟定和下达政府决算的编审规定。为了保障决算的质量和编制工作的顺利进行，财政部在每个预算年度终了前（一般在第四季度），根据当年的财政方针政策，财政、财务制度和编制决算的原则以及需要结算的事项等，制定决算的编制审核办法，制发统一的决算表格。

（2）进行年终的全面清理。第一，核对年终预算收支数字；第二，全面清理本年应收、应支款项；第三，结清预算拨借款；第四，清理往来款项。在认真核实年度预算调整变动情况的基础上，各级财政部门之间、财政部门与各主管部门之间、主管部门与所属基层单位之间要及时核实结清资金拨款和各种往来账款；各级财政部门要会同国家金库、收入征收机关及有关单位将决算收入和支出数字核对一致，保证决算数据真实可靠，为全面、准确编制决算打好基础。

（3）财政部制定和颁发决算表格。决算表格是编制决算的工具，也是决算数字表现的载体。通常情况下，财政部在拟定和下达决算编审规定的同时，修订和颁发决算表格。

（4）决算编制。决算编制从执行预算的基层单位开始，在搞好年终清理的基础上，根据决算编报办法规定和决算表格的内容，自下而上进行编制和汇总。

单位决算的编制程序为：基层单位完成决算编制后，连同单位决算说明书，报送主管部门，汇总编成部门决算，然后由主管部门报送同级财政部门，作为财政部门汇编本级总决算的依据。

财政总决算的编制程序为：各级财政部门在收到本级主管部门报来的汇总部门决算后，及时进行核对，连同总预算会计账簿的有关数字进行汇总，编制该级财政总决算。

财政总决算编成后，经同级人民政府审定盖章后报上级财政机关，逐级上报到财政部；财政部再连同中央级总决算一并汇编成国家决算草案，报国务院审定。

2. 决算审查

（1）财政部门对决算草案的审查。财政部门的决算审查工作与决算报表汇编工作通常是交叉进行的。审查的方法有书面审查、就地审查和派人到上级机关汇报审查三种。对于决算审查中发现的问题，应按照政府决算制度和有关财经法规做出处理。

（2）各级人民代表大会对决算草案的审查。县级以上各级人民代表大会常务委员会应当结合本级政府提出的上一年度预算执行和其他财政收支的审计工作报告,对本级决算草案进行审查。

3. 决算审批

审查批准政府决算的目的在于,确认政府年度收入的正当性和真实性,剔除或者归还不正当的收入,夯实虚假的收入;确认既有政府开支的正当性,对正当和合理的开支给予核销,以免除开支者的责任,对不合法或者不合理的开支请求归还或者追究责任。

(1)审批政府决算的程序。根据《预算法》的规定,审批政府决算的程序为:国务院财政部门编制中央决算草案,经国务院审计部门审计后,报国务院审定,由国务院提请全国人民代表大会常务委员会审查和批准。这一工作通常是与下一年度的预算草案审批同时进行的。如果在召开全国人民代表大会时,正式的中央决算草案尚未编成,可先提交年度预算执行情况的报告,待决算草案编成后,再提交全国人民代表大会常务委员会审查和批准。县级以上地方各级政府财政部门编制本级决算草案,经本级政府审计部门审计后,报本级政府审定,由本级政府提请本级人民代表大会常务委员会审查和批准。乡、民族乡、镇政府编制本级决算草案,提请本级人民代表大会审查和批准。

(2)人民代表大会常务委员会审查批准政府决算草案的程序。

1)决算案的受理。根据《预算法》的规定,本级政府决算草案由财政部门在汇总本级政府各部门、单位决算草案的基础上编成,决算草案经过本级人民政府审核后,由本级人民政府以提出议案的形式,提请本级人民代表大会常务委员会审查和批准。需要注意的是,人民代表大会常务委员会审查批准的只是本级政府决算,决算草案所列示的科目与预算批准时所列示的科目相对一致。

2)决算案的初步审查。政府将本级决算草案送交人民代表大会常务委员会后,主任会议应当将决算草案交由财政经济委员会审查或者初步审查。

3）决算案的审议。各级人民代表大会常务委员会举行会议的时候，应当听取决算草案编制的报告和本级预算执行及其他财政收支情况的审计工作报告，结合这两个报告，对本级政府的决算草案进行审议。

4）决算案的决议。各级人民代表大会常务委员会根据有关委员会的审议意见和专门委员会的审查报告，需要对政府提交的本级决算草案进行表决，做出批准或者不予批准的决议。批准政府决算的决议应当在规定的载体上公告。

4. 决算的批复

国家决算经全国人民代表大会审查批准后，由财政部代表国务院批复各省级总决算。中央各主管部门的单位决算由国务院授权财政部批复。

各级政府决算经批准后，财政部门应当在二十日内向本级各部门批复决算。各部门应当在接到本级政府财政部门批复的本部门决算后十五日内向所属单位批复决算。

5. 决算备案

决算备案是指地方各级政府应将批准的决算报上一级政府备案。实行决算备案制度，可以有效保证上级政府对下级政府实施监督、上级人民代表大会对下级人民代表大会实施监督，保证决算的准确性和完整性。

（二）决算结果载体：政府决算报告＋政府财务报告

我国政府决算结果包括政府决算报告和政府财务报告。

1. 政府决算报告

自改革开放以来，决算管理在整个财政管理中的地位进一步提升，由原来"重预算、轻决算"的状态转变为"预算与决算并重"的状态。决算报表体系逐步完善，决算编印和批复程序越来越规范，同时加强了决算数据的分析和利用，以决算数据反映和揭示了预算编制及执行中存在的问题，推进了预算编制与执行的不断完善，从政府决算报告体系上形成两大体系，即财政总决算报表体系和部门决算报表体系。

（1）财政总决算报表体系。从财政总决算层面来看，已经形成了由"财政总决算报表、决算编制说明、决算报表附注、决算分析报告、决算编审总结和中国人民银行金库报单"等组成的科学、规范、实用的结构体系。其中，财政总决算报表由一般公共预算、政府性基金、国有资本经营、社会保险基金四部分构成，与现行的财政预算管理模式一致，按各自平衡的原则划分，报表结构科学实用。各地方向中央上报的决算涵盖省、市、县各级财政的所有决算数据和乡镇财政的收支大数。县级以上财政的收入和支出、线上和线下、功能分类和经济分类数据均以最低级科目形式上报，上级财政能够全面掌握所有下级财政的详细收支、转移支付及预算变动情况。决算编制说明的功能是统一决算填报口径。决算报表附注是对决算相关报表中相关数据的附加注解。决算分析报告是通过决算数据对预算管理、经济形势的分析。决算编审总结是对决算工作的经验总结。

正式上报的全套财政总决算文本应包括以下部分：①政府报送财政总决算的函；②财政总决算分析；③财政总决算报表目录；④财政总决算报表；⑤财政总决算报表附注（报表附注用于说明财政总决算报表中的特殊事项，无特殊事项不需报表附注）；⑥财政总决算报表编制说明；⑦财政总决算编审总结；⑧中国人民银行国库全辖汇总地方预算收入年报（加盖中国人民银行国库业务公章，以下简称"人民银行年报"）。

（2）部门决算报表体系。部门决算报表体系由四部分组成，具体包括基础数据表、填报说明、分析表和分析报告。基础数据表主要反映部门收支预算执行结果、资产负债、人员机构、资产配置使用以及事业发展成效等信息，包括报表封面、主表、附表和补充资料表。填报说明是对基础数据表编报情况的说明，包括部门基本情况、数据审核情况、年度主要收支指标增减变动情况以及因重大事项或特殊事项影响决算数据的情况说明等。分析表通过设定的表样和自动提数功能，对部门决算重要指标进行分析比较，揭示部门预算执行、会计核算和财务管理等方面的情况及问题。分析报告根据分析表中反映的问题和收支增减变动情况进行分析，重点分析部门预算执行情况、资金使用情况、财务状况以及单位主要业务和财务工作开展情况等。在保持部门决算报表体系连续性和可比性的前提下，财政部每年可根据财政财务管理要求，在上述条款规定的框架内进行适当调整。

行政事业单位应当按照财务管理关系或预算管理关系，采取自下而上方式，逐级汇总报送。各部门应当对所属行政事业单位上报的决算报表和部门本级决算报表进行汇总，并对有关收入支出、内部往来项目等汇总虚增进行调整和剔除后，形成本部门汇总决算报表。地方各级财政部门应当对下级财政部门上报的部门决算报表、本级汇总部门决算报表进行汇总，并对有关收入支出、内部往来项目等汇总虚增进行调整和剔除后，形成本地区汇总部门决算报表。各地区、各部门汇总的部门决算报表应当以所属行政事业单位上报数据为准，不得自行调整单位数据和科目，不得虚报、瞒报和随意结转。

2. 政府财务报告

政府财务报告是指为信息需求者编制的以财务信息为主要内容、以财务报表为主要形式、全面系统地反映政府财务受托责任的综合报告。我国现行政府财务报告编制的具体制度是2015年财政部接连印发的《政府财务报告编制办法（试行）》《政府综合财务报告编制操作指南（试行）》和《政府部门财务报告编制操作指南（试行）》，经过近几年的不断探索和创新，现在已经初步建立起较为完整的政府财务报告编制制度。政府财务报告以权责发生制为基础编制，包括政府部门财务报告和政府综合财务报告。

（1）政府部门财务报告。政府部门财务报告由政府部门编制，主要反映本部门财务状况、运行情况等，为加强政府部门资产负债管理、预算管理、绩效管理等提供信息支撑。

1）政府部门财务报告的主要内容。政府部门财务报告应当包括会计报表、报表附注、财务分析等。会计报表主要包括资产负债表、收入费用表及当期盈余与预算结余差异表等。报表附注重点对财务报表做进一步解释说明。财务分析主要包括资产负债状况分析、运行情况分析、相关指标变化情况及趋势分析等。

2）政府部门财务报告编制。政府部门财务报告由本部门所属单位逐级编制。政府各单位应当以经核对无误的会计账簿数据为基础编制本单位财务报表，同时严格按照相关财政财务管理制度以及会计制度规定，全面清查核实单位的资产负债，做到账实相符、账证相符、账账相符、账表相符。对代表政府管理的资产，各单位应全面清查核实，完善基础资料，全面、准确、真实、完整地反映。对于会计账簿中的相关数据不符合权责发生制原则的，应当提取数据后按照相关报告标准进行调整，而且数据调整应当符合重要性原则，并编制调整分录。

政府各部门应当对所属各单位的财务报表进行合并，然后编制本部门财务报表。在编制合并财务报表时，政府各部门对内部单位之间发生的经济业务或事项应当经过确认后抵消，并编制抵消分录，然后在此基础上分项合并财务报表项目。在政府部门财务报表之间、财务报表各项目之间，凡有对应关系的数字，应当相互一致；报表中本期与上期有关的数字，应当衔接。

（2）政府综合财务报告。政府综合财务报告由政府财政部门编制，主要反映政府整体财务状况、运行情况和财政中长期可持续性等，可作为考核地方政府绩效、开展地方政府信用评级、评估预警地方政府债务风险、编制全国和地方资产负债表以及制定财政中长期规划和其他相关规划的重要依据。政府整体财务状况、运行情况是指政府财政部门将各部门财务报表和其他纳入财务报表合并范围的各主体财务报表进行合并汇总，并以合并汇总的结果反映的政府整体财务状况和运行情况。

1）政府综合财务报告的主要内容。政府综合财务报告应当包括会计报表、报表附注、财政经济分析、政府财政财务管理情况等。会计报表主要包括资产负债表、收入费用表及当期盈余与预算结余差异表等。报表附注重点对会计报表做进一步解释说明。财政经济分析应当包括财务状况分析、运行情况分析、财政中长期可持续性分析等。

2）政府综合财务报告编制。政府财政部门应当以财政总预算会计报表、农业综合开发资金会计报表、部门财务报表、土地储备资金财务报表、物资储备资金会计报表等为基础编制政府综合财务报表。政府财政部门应当严格按照相关财政管理制度以及会计制度规定，全面清查核实财政部门代表政府管理的资产负债等，做到账实相符、账证相符、账账相符、账表相符。对于会计账簿中的相关数据不符合权责发生制原则的，应当提取数据后按照相关报告标准进行调整，而且数据调整应当符合重要性原则，并编制调整分录。

政府财政部门应当对本级财政总预算会计报表、农业综合开发资金会计报表、部门财务报表、土地储备资金财务报表、物资储备资金会计报表等进行合并，编制本级政府综合财务报表。对于未在财政总预算会计报表中反映的政府股权投资、投资收益等，暂按权益法从国有企业财务会计决算报表中取得相关数据后，纳入政府综合财务报表。

在编制本级政府综合财务报表时，经确认后，应当对上述被合并报表之间的经济业务或事项进行抵消，并编制抵消分录，然后在此基础上分项加总财务报表项目。县级以上政府财政部门要合并汇总本级政府综合财务报表和下级政府综合财务报表，然后编制本行政区政府综合财务报表。在政府综合财务报表之间、财务报表各项目之间，凡有对应关系的数字，应当相互一致；报表中本期与上期有关的数字，应当衔接。

财政经济分析应当基于财务报表所反映的信息，结合经济形势和趋势、财政管理政策措施，对政府整体财务情况进行综合性分析。

四、深化决算管理改革

改革开放40多年来，我国决算管理发生了较大变化，得到了持续的改进和完善。决算的法律地位得到确立，在决算结构上形成了财政总决算和部门决算两大模块，在决算结果载体上构建了政府决算报告+政府财务报告的"双报告"模式，使我国决算管理的科学化、规范化、精细化程度有了很大提升。为完善我国现代预算制度建设，决算管理的内容需要进一步明晰，建议决算管理改革的重点为构建"6+1"政府决算体系和健全政府财务报告体系。

（一）构建"6+1"政府决算体系

构建"6+1"政府决算体系，需要落实全口径决算管理。在现行一般公共决算、政府性基金决算、国有资本经营决算和社会保险基金决算的基础上，增加政府性债务决算、税式支出决算两本决算，以及一个准财政活动报告，形成6本决算+1个报告的"6+1"政府决算体系，以覆盖政府的全部收入和支出，保障政府决算体系的完整性。

（二）健全政府财务报告体系

第一，完善政府财务报表，加入现金流量表，同时将预算执行信息单独列入财务报告体系。因为我国会计主体的范围较宽，除了行政机关，还有事业单位、公益性国有企业及非公益性国有企业中的国有权益部分，这些主体既有财政性收入，又有非财政性收入，以收付实现制为基础编制的预算执行报表不能完全反映现金流量情况。

第二，为了完整地反映政府运行的整体情况，在披露政府财务信息的基础上，将有关的非财务信息纳入报告信息范围。

第三，满足各类政府财务信息使用者的需求，在确保编制的政府财务报告为通用性报告的同时，对于重要事项、特殊事项，可以编制专项报告来披露有关辅助数据信息。

第四，在日常会计核算、单位财务报表编制、最终生成合并报表的整个流程中均采用权责发生制会计方法进行确认、计量、抵消、合并，提高政府合并财务报表的信息质量。

第五章
地方政府债务：约束严格

一、地方政府债务管理概述

（一）地方融资平台的兴起

从改革开放到 2014 年《预算法》修订前，我国地方政府长期以来不具有显性的举债权，即地方政府在预算内不能产生赤字，地方政府不得以政府名义举债，仅有中央政府具有举债权。1994 年修订的《预算法》第二十八条规定："地方各级预算按照量入为出、收支平衡的原则编制，不列赤字。除法律和国务院另有规定外，地方政府不得发行地方政府债券。"这一规定出台的时代背景是：1992—1993 年我国地方政府投资积极性高涨，全国出现严重的通货膨胀，出于控制财政金融风险和通货膨胀的考虑，中央对地方政府的举债管理权进行了严格限制。

因为《预算法》不允许地方政府举债，而地方政府为了推动当地的经济发展，对预算内收入的使用逐渐呈捉襟见肘之势。在 1994 年分税制改革后，由于财力大幅向中央集中，但事权和支出责任却不断下沉地方，导致地方政府的财政收支矛盾日渐加大。特别是随着城镇化的快速推进，使城市人口大量增加，同时对城市基础设施建设的需求日益高涨。在这一背景下，很多地方政府开始实施投融资创新，比如创立了融资平台公司（又称"城投公司"）举债的模式。从法律属性上说，融资平台公司是一家国有企业，既然是企业，当然它可以举债。但与普通的产业类国有企业不同，地方政府设立融资平台公司的目的就是为了城市建设，尤其是承担投资建设市政基础设施的任务。由于大量的市政基础设施是公益性的，不盈利或盈利空间极其有限，因而城投公司的业务并非市场化、商业化运营，其投资项目选取并不是公司的商业化决策，大多是由政府行政指令建设。尽管从20世纪90年代开始我国就推动国有企业"政企分离"的改革，但融资平台公司作为地方政府设立的承担重要公共职能的国有企业，存在严重"政企不分"的情况。

2008年国际金融危机发生后，为了配合经济刺激计划（以下简称"四万亿"）的实施，中央对地方政府融资平台的监管十分宽松。在宽松的监管环境下，地方政府融资平台能够轻易获得大量资金。

既然承担的是政府行政指令建设的项目，同时这些项目本身缺乏收益，因而融资平台公司在向金融机构申请贷款时，就需要政府予以背书和支持。正因为如此，大多数融资平台公司的债务被视为政府承担了全部或部分最终偿还责任（或者是或有责任、兜底责任）。具体表现在以下三个方面：第一，地方政府对融资平台债务普遍存在隐性担保。即使中央不允许地方政府直接为地方融资平台公司提供担保，地方政府对地方融资平台债务仍然承担着实质的最终担保责任。金融机构也会预期，地方政府不会放任融资平台倒闭，不会放任基建项目停工。第二，土地支持。地方政府除了对地方融资平台公司提供隐性担保外，通常还将土地直接注入融资平台公司。因为土地不可移动、流动性强、价值相对稳定，所以是天然优良的抵押品。融资平台公司将土地抵押给商业银行，从而获得更多贷款，进而开展更多的基建项

第五章 地方政府债务：约束严格

目建设。与此同时，土地出让收入是地方政府偿还债务的最重要资金来源之一。在基建项目建成后，除了收费获取收益外，土地升值也是一部分重要收益。基建项目的完工推动了城镇化、工业化进程，而伴随城市建设和产业发展，土地的市场价值不断攀升，地方政府通过出让土地可以获得更多收入用于帮助融资平台公司偿还债务。以上过程形成了"注入土地－土地抵押－城市建设和产业发展－土地升值－土地出让－偿还债务"的模式，该模式的基本逻辑是将土地金融化，然后利用土地资产的市场价值获得融资，因此被称为土地金融，但土地金融最终仍需借助土地财政偿还债务。第三，地方政府直接控制或干预金融机构的逻辑。在1998年后，我国银行系统实行垂直管理，地方政府难以干预金融资源的管理和分配。但从2003年以来，地方政府开始参股城市商业银行、农村商业银行、村镇银行等地方性金融机构，进而影响资金流向，有时还通过证券公司、小额贷款公司、资产管理公司以及信托机构等影子银行来满足自己的金融资源需求。即使全国性国有商业银行已实行垂直管理，地方政府直接干预的余地很小，但地方政府通过财政存款、财政补贴等手段诱导金融机构配合当地政府的融资需求。例如，全国性商业银行的当地分支行如果配合地方政府的举债，就可以获得政府在财政性存款上的互惠条件。从以上三点来看，通过隐性担保、划拨土地提供抵押、直接控制或干预商业银行的方式，地方政府可以在金融市场上吸收资金，间接支配金融资源。从商业银行的角度看，其借债给地方政府，是基于商业原则。但是，由于融资平台的举债背后依托的是政府信用、担保和干预，因而是带有扭曲性的商业原则。因此，从资金供给上看，地方政府的显性和隐性举债融资之所以得到商业银行的积极配合，以及之所以宏观上我们担心地方债务规模攀升、蕴含巨大风险，但商业银行仍然对借债给地方政府趋之如鹜，主要是因为地方政府干预扭曲了金融体系的市场化运行。

现代 预算制度建设

因此，在2014年以前，地方政府尽管仍不被允许在预算内举债，但通过融资平台公司举债的形式，实质发生了大量债务。这些债务名义上由融资平台公司以企业债务形式举借，但地方政府承担了直接偿还责任或间接偿还责任，比如由财政提供了担保或由政府承担一定救助责任。这些债务不纳入财政预算，地方政府也未向中央即时报告，因此属于隐性债务。而地方政府性债务的规模直到2011年之后审计署进行全国范围的地方隐性债务审计才开始水落石出。在审计之后，由于认定这些债务实质上由地方政府承担直接或间接偿还责任，因此官方称之为"地方政府性债务"。与"地方政府债务"仅一字之差，可以体现彼时地方政府债务管理的微妙之处。根据审计署发布的《全国地方政府性债务审计结果（2011）》《全国政府性债务审计结果》（2013年12月30日），地方政府性债务在2008年后呈现井喷之势，从4.5万亿元迅速增加至2013年的17.9万亿元，见图5-1。

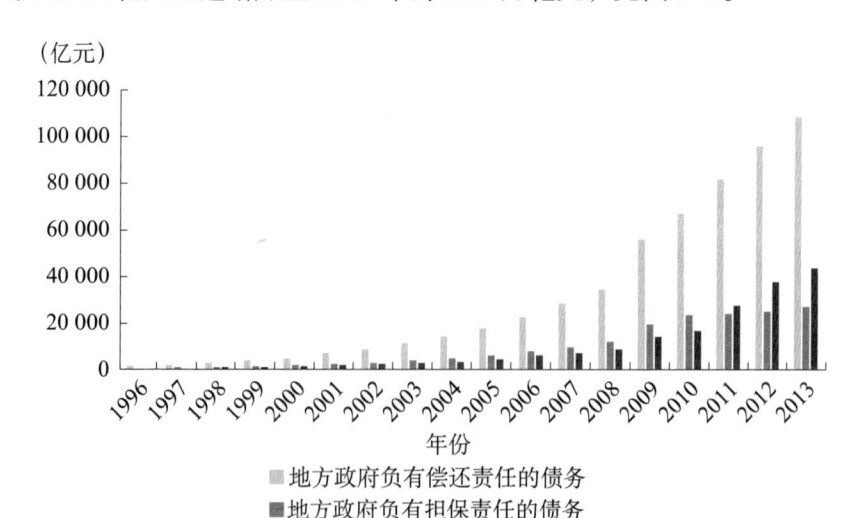

图5-1　1996—2013年地方政府性债务规模

资料来源：审计署发布的《全国地方政府性债务审计结果（2011）》《全国政府性债务审计结果》（2013年12月30日）。

（二）地方政府债券的试点

在 2008 年后，地方政府的举债需求大幅增加，但在《预算法》的限制下，地方政府主要通过隐性债务的方式举债。事实上，在隐性债务规模膨胀之际，中央就开始积极探索地方政府在预算内显性举债的模式，寻求对地方债务管理进行体制性改革。2009 年 2 月 18 日，财政部颁布《2009 年地方政府债券预算管理办法》（财预〔2009〕21 号）。根据该办法，由财政部代理各省级政府发行政府债券，并将其纳入地方预算、构成地方债务，也就是由财政部为地方政府债券实行"代发代还"。这一改革标志着地方政府不能直接举借债务的法律禁令开始解封，地方政府依法举债的"前门"再次开启，尽管开启幅度非常微小。

2011 年，国务院进一步批准上海、浙江、广东和深圳四省市在国务院批准额度内试点自行发行债券，但仍由财政部代为还本付息，因此称为"自发代还"改革试点。2013 年，国务院又批准新增江苏和山东进入试点。2014 年，在前期 6 个试点省市基础上，增加北京、青岛、江西和宁夏，共 10 省市，开展"自发自还"试点，即由省级政府自行发行债券并自行办理还本付息。在这一时期，地方政府依法直接举债的大门在探索中逐渐开启，逐步从"代发代还"到"自发代还"，再到"自发自还"，但地方举债额度仍然非常低，债务管理体制尚未制度化、法治化。在制度化举债之外，地方融资平台债务仍然高企，隐性债务规模仍然不断扩大。但是，这一时期试点积累的经验，也为 2014 年《预算法》的修订以及全面开启地方依法直接举债大门奠定了基础。

二、地方政府债务管理改革

自 2008 年以来，地方政府债务的规模不断膨胀，尽管它们为稳定经济、促进增长、服务城市建设做出了历史性贡献，但也导致了巨大的财政与金融风险。

2014年，随着《国务院关于加强地方政府性债务管理的意见》（即国务院43号文）的发布以及2015年初新的《预算法》实施，这一系列"开前门、堵后门"的举措，开启了地方债务治理的新时代。堵后门是指中央要求地方融资平台剥离政府融资职能，隔离政府信用与企业信用，从而遏制新增隐性债务。开前门是指允许地方政府通过合法的政府债券形式举借债务并纳入预算管理，但债务限额是中央所划定的，地方举债在额度上是严格受到约束的。此后，国务院推出的地方债务管理举措，总体上仍以加强中央对地方举债的约束监督机制为主。

（一）开前门，建立地方政府自主发债机制

开前门的核心举措是：用纳入财政预算管理的显性债务融资逐步取代以融资平台为主的隐性债务融资，新增政府债务以合法的政府债券形式举借并纳入预算管理。在这种情况下，地方政府自主发债机制正式建立，而且债务管理机制逐渐健全。与此同时，存量隐性债务逐渐被置换为地方政府债券。截至2018年，存量债务"显性化"置换基本完成。

2014年修订的《预算法》第三十五条在"地方各级预算按照量入为出、收支平衡的原则编制，除本法另有规定外，不列赤字"之后增加了如下内容："经国务院批准的省、自治区、直辖市的预算中必需的建设投资的部分资金，可以在国务院确定的限额内，通过发行地方政府债券举借债务的方式筹措。举借债务的规模，由国务院报全国人民代表大会或者全国人民代表大会常务委员会批准。省、自治区、直辖市依照国务院下达的限额举借的债务，列入本级预算调整方案，报

本级人民代表大会常务委员会批准。举借的债务应当有偿还计划和稳定的偿还资金来源，只能用于公益性资本支出，不得用于经常性支出。除前款规定外，地方政府及其所属部门不得以任何方式举借债务。"这标志着在前期10省市开展地方政府债券"自发自还"试点后，地方政府债券"自发自还"覆盖到所有省市，而且实现了制度化、法治化。

图5-2是2014—2021年地方政府显性债务余额。由此可见，在地方政府自主发债模式下，地方举债空间不断加大，有力地解决了地方政府进行城市建设的融资需求。与此同时，地方政府自主发债的债券发行利率低于城投公司的举债利率，因此也大大降低了融资成本。

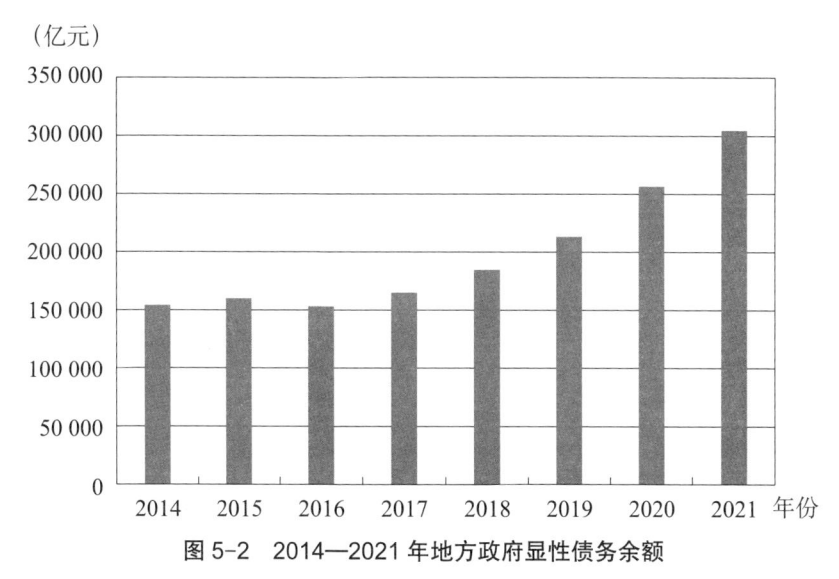

图5-2 2014—2021年地方政府显性债务余额

资料来源：财政部。

从理论上看，地方政府自主发债，相比中央代发、自发代还更好地解决了软预算约束的问题。自主发债对地方债信用体系进行了再度界定，形成较强的约束效应，使地方政府更加注重财政巩固和财政可持续。相反，中央代发和自发代还可能导致地方政府的道德风险，并助长非理性财政行为。

但实际上，自发自还的前门打开后，中央并非完全信任地方政府能够在硬预算约束下，自主约束自身的举债规模。事实上，在无法完全打破中央兜底预期的现实体制下，地方政府的软预算约束无法通过自发自还就能根本破除。正因为如此，在开前门之后，中央并非放任地方政府真正自主决定发债额度，而是对各地区的地方显性债务额度进行了限额约束。中央根据对各地区债务风险的测算，分配并定期调整各地区债务额度，确保地方政府不能超出自身财力过量举债。

中央对地方政府显性债务额度的行政约束，尽管对地方政府的显性债务风险进行了有效管控，但由于"前门开得不够大"，使得地方政府的融资需求无法完全通过前门解决，因而"走后门"的隐性举债仍然屡禁不止。在 2014 年后，由于显性债务已经纳入预算、限额约束，并建立了预警机制和应急处理机制等制度化管理体系，因此显性债务的风险已经被严格控制。在这种情况下，地方政府的债务风险主要表现为隐性债务风险。

（二）堵后门，剥离融资平台的政府融资职能

遏制新增隐性债务的核心举措是剥离融资平台的政府融资职能，破除地方政府对融资平台的违规担保、承诺和资金输送，严格隔离政府信用与企业信用。第一，禁止城投类企业以政府信用或政府救助预期进行融资，规定其融资需要签署相关借款合同并划定责任，严格管理违规担保问题，逐步打破投资者对隐性担保的预期。2014 年修订的《预算法》第三十五条要求："除法律另有规定外，地方政府及其所属部门不得为任何单位和个人的债务以任何方式提供担保。"第二，剥离城投部门的公益类资产及储备土地，弱化城投部门抵押物与地方政府之间的联系。第三，对资金供给侧加强金融监管，严控金融机构违规向地方政府提供资金。

上述"堵后门"的举措，在化解地方政府债务风险上取得了阶段性成效。但是，"上有政策、下有对策"，地方政府隐性举债仍然时有发生，融资平台市场化转型进展缓慢。当然，地方政府直接违反《预算法》和国务院43号文的相关规定，对融资平台公司举借债务承诺以财政资金偿还、违法提供担保的"违法违规举债"正在减少，但新的举债方式却层出不穷。例如，地方政府在设立政府投资基金、PPP、政府购买服务等过程中，通过约定回购投资本金、承诺保底收益等形成了政府中长期支出事项债务。一些地方政府采取了更隐蔽的变相举债方式，它们明面上遵守《预算法》和国务院43号文的相关规定，未将城投公司信用与政府信用相关联，但实质上，城投公司仍以行政化的形式承接城市开发与基建业务。这些业务具有公益或准公益性质，政府不会放任企业倒闭，而市场也预期企业债务最终会由政府兜底。

三、地方政府债务管理现状

随着2014年国务院43号文的发布和2015年初《预算法》的实施，上述"开前门、堵后门"的举措在化解地方政府债务风险上取得了阶段性成效。但是，"上有政策、下有对策"，地方政府隐性举债仍然时有发生，融资平台的市场化转型进展缓慢。隐性债务是地方政府通过融资平台公司以企业债务形式举借，不纳入政府预算管理，地方政府不承担直接偿还责任，但可能间接承担部分责任。地方政府隐性债务可以分为两类：一是违法违规举债，比如地方政府直接违反《预算法》和国务院43号文的相关规定，对融资平台公司举借债务承诺以财政资金偿还、违法提供担保。二是更隐蔽的变相举债，也就是地方政府明面上遵守《预算法》和国务院43号文的相关规定，未将城投公司信用与政府信用相关联，但实质上，城投公司仍以行政化的形式承接城市开发与基建业务。这些业务具有公益或准公益性质，政府不会放任企业倒闭，而市场也预期企业债务最终会由政府兜底。

国际货币基金组织发布的报告显示，从2016年至2021年，中国地方政府融资平台的债务余额从20.3万亿元增长到49.9万亿元，其中相当部分属于地方政府隐性债务。规模庞大的地方政府隐性债务不仅容易引发财政偿还风险，而且对金融系统稳定造成威胁。

（一）地方政府隐性债务规模膨胀的深层次原因

地方政府隐性债务屡禁不绝，源于一系列深层次的体制性原因。构建化解隐性债务风险的长效机制需要破解以下体制性困难：

1. 地方政府事权、支出责任与财力不匹配问题尚未根本解决

自1994年分税制改革以来，财力大幅向中央集中，事权和支出责任却不断下沉，造成地方财政收支存在较大缺口。城市基础设施建设的支出责任主要由地方政府承担，在城镇化快速推进的过程中，基础设施存在快速增长的需求，大量基建资金缺口由地方政府以举债方式筹措。在2008年国际金融危机爆发后，随着4万亿财政刺激计划的出台，我国各级政府上马了大量基础设施建设项目，因而地方债务扩张在2008年后尤为迅猛。实际上，这反映了我国财政政策存在地方化的问题，地方政府承担了过多的维护宏观经济稳定的财政责任，因而在经济下行期体现为地方政府大幅债务扩张，甚至其扩张幅度大于中央政府的债务扩张幅度。相比于很多国家宏观调控的财政政策主要是由中央政府负责，我国宏观调控的财政政策却主要由地方政府承担。这种财政政策的地方化是地方政府债务膨胀的一个重要原因，也是中国债务结构中中央债务比重低、地方债务比重高的根本原因之一，这是另一个维度上的财力与支出责任不匹配问题。

当然，基础设施投融资本身的资金循环逻辑也是地方债务扩张的客观原因。基础设施建设具有投资规模大、周期长、收益低、风险高等特点，这就决定了建设一个基础设施项目，需要从一开始就投入大量的资金，而部分基础设施即使可以收费，也需要非常长的时间才可以弥补成本，因而基础设施项目通常会在长期产生大量负债。与此同时，由于风险大、收益低，所以私人资本大多不愿意进入基础设施领域，因而只能由政府进行投资。尽管一部分基础设施实际是准公共品，如果条件具备，准公共品是可以产生投资收益的，私人也存在投资意愿。但发展中国家的金融体系通常不够发达，难以为私人投资提供稳定的、长周期、低成本的融资渠道，势必更多地依靠政府去投资基础设施建设。

2. 中央兜底预期难以根除

以上所分析的财政形成机理解释了地方政府缘何存在举债的资金需求，从需求侧为地方政府债务规模的增长提供了解释。但这些机制仅能解释合理范围内的地方债务增长，事实上，地方政府过度的、无序的举债行为，背后是由我国行政体制所致。首先，在我国行政体制下，中央难以容忍地方政府破产，中央事实上承担了地方债务的最终兜底责任，因而地方政府实际面临着软预算约束。考虑到地方政府因无法偿付债务可能导致公立学校关闭、社会保障无法偿付等严重社会问题，中央倾向于对陷入债务偿付危机的地方政府施以援助。中央的事后救助相当于削减了地方政府的举债成本，激励地方政府在进行公共投资决策时倾向于超出自身预算收入和偿债能力过度举债。地方政府秉持中央救助预期，有动机超出自身财力水平过度举债。其次，地方政府为地方融资平台公司提供隐性担保，不会放任融资平台公司破产，因此地方融资平台公司存在软预算约束。由此可见，地方融资平台的债务扩张，一方面来自地方政府的行政指令，另一方面也是由于它作为国有企业，缺乏动力去限制举债行为。

因此，市场上存在坚挺的"城投公司信仰"，这不仅是对地方政府救助的预期，更是对中央兜底的预期。2016年，中央在出台《地方政府性债务风险应急处置预案》后，多次明确坚持中央不救助、"谁家的孩子谁抱"的原则，但在我国现行体制下，中央承担最终兜底责任的预期难以从根本上破除。

3. 地方政府仍然存在巨大的投资冲动，背后是中国经济发展模式的逻辑

地方政府出于短期政绩考虑，普遍存在"以债谋增长"的动机，也就是通过大举借债投资基础设施、开发新城，以便在短期内拉动当地经济增长。地方政府投资冲动的背后是因为地方政府间存在激烈的发展经济的竞争，而建设基础设施、工业园区、开发新城已成为地方政府推动当地经济增长的主要政策工具。政府职能的经济发展导向和投资冲动，是地方政府债务扩张的根本驱动力。地方政府之所以存在发展经济的激励，一方面源于我国以经济增长为重要指标的官员考核体系，由于基础设施建设可以迅速拉动当地经济增长，因而成为地方官员的重要政绩，另一方面源于税收收入分成的激励，地方政府通过举债投资基建将有助于当地招商引资、经济增长和人口流入，从而带动税基扩大和地方分享税收收入的增加，也会带动当地土地价格的上升，进而提高地方政府的土地出让金收入。

在巨大的投资冲动下，很多地方政府不考虑自身财力，急于超前发展，很多基建投资项目在上马前未进行严格的成本收益测算。特别地，一些人口净流出地区，不仅自身财力相对薄弱，而且基建投资的经济效益和社会效益也都相对较低，它们的过度投资更易引发偿债风险。对于缺乏经济效益的投资项目，市场机制本会淘汰它们，但地方政府以行政指令的方式交由城投公司承接，必然导致政企难以真正分

离，城投公司也就难以真正转型为自主投资、自担风险、自负盈亏的市场化主体。

4.中国经济发展阶段的逻辑

从中国经济发展的阶段看，我国在过去一段时间处于城镇化快速推进的阶段，大量人口从农村向城市集中，因而对城市基础设施建设存在大量的需求。此外，与其他国家相比，依托于中国高速经济增长的奇迹，中国的城镇化速度更快，需要在更短的时间内建设城镇基础设施，因而短期内的融资需求更大。与此同时，在快速城镇化过程中的高房价、高地价，也支撑了土地价值不断上升，由其作为抵押品可以获得更多的融资。当然，还有经济增长阶段转换的逻辑。中国经济正在从高速增长阶段转向高质量发展阶段，因而制造业面临成本高企、增长动力减弱的情况。在保增长的压力下，地方政府就不得不更多地依赖政府投资，而政府的基建投资由于周期长、收益低，自然就产生了高债务问题。长期以来，中国依靠低廉的劳动力在相当程度上形成了依靠国际大循环的出口导向型产业格局，并且获得了大量贸易顺差。根据国民经济恒等式，国际贸易的顺差就等于国内储蓄与投资之差，因而中国国内的高储蓄除了转化为国内投资，还有相当于一部分储蓄是借给了国外。但是，随着中国制造业成本的上升，同时2008年国际金融危机后全球经济衰退导致外需不振，势必有一部分国内储蓄无法再以贸易顺差的形式借给国外，因而只能转化为国内投资，但在制造业不景气的情况下，只能更多地转化为政府基建投资。

5.约束机制仍不健全

首先，近年来，中央一方面加大了对地方政府的债务追责力度，建立了倒查责任、终身问责机制，另一方面对资金供给侧加强金融监管，严控金融机构违规向地方政府提供资金。但是，金融机构的约束机制尚未真正建立，地方政府对金融机构存在行政干预，往往通过财政存款、财政补贴等手段诱导金融机构配合当地政府的融资需求。与此同时，商业银行自身治理机构存在缺陷，对潜在的风险也缺乏市场判断。其次，尽管显性债务已纳入政府预算，接受地方人民代表大会的监督，但隐性债务不纳入预算，未受地方人民代表大会的充分监督。隐性债务涉及政府向企业提供担保、向企业注入土地或公益性资产、国有资产处置等事项，地方人民代表大会还未将这些政府行为充分纳入监督范畴。

通过对中国经济发展阶段、中国经济发展模式的分析，中国地方政府债务规模是继续上升还是下降，存在不确定性。但需要考虑以下几个因素：第一，随着快速城镇化阶段的结束，未来城镇化的速度势必放缓，针对大规模城市基础设施建设的需求也将放缓，因而地方政府债务扩张的基本需求动因在放缓。但是，由于城镇化速度的放缓，因而对新增土地的需求在减少，同时土地出让收入也将减少，进而可能会加大地方政府偿还债务的压力。第二，如果中国经济结构转型成功，从投资驱动转向创新驱动，那么对政府投资的依赖度也会降低，地方政府债务风险就可以在高质量发展中得到释放。第三，随着市场化改革的进一步推进，如果我们能更多地吸引私人资本进入基建领域，更多地发展股权融资市场，那么也将从源头上降低未来基建领域对政府投资的过度依赖。

（二）地方政府债务风险的界定及传导机制

地方政府债务风险是指地方政府无法清偿到期债务的偿债风险，以及引发的其他风险。偿债风险可称为直接风险，主要表现为当期财政收入不足以维持当期财政支出，难以偿还存量债务或支付债务利息。因此，财政可持续性与偿债风险是一体两面，财政不可持续或债务不可持续就意味着债务风险。地方政府债务引发的其他风险可称为间接风险，包括偿债风险引发的金融风险以及对宏观经济、社会发展产生的负面效应。正因为债务风险可能引发系统性金融风险，进而引发经济社会风险，因而党的十九大报告把"防范化解重大风险"摆在打好三大攻坚战的首位，其中化解地方政府债务风险是最重要的内容之一，事关统筹发展与安全的大局。

地方政府债务风险是系统性金融风险的重要方面，其核心是存在财政风险与金融风险的互溢关系。一方面，地方政府债务的扩张会导致金融和经济杠杆率快速上升，也就是地方政府债务违约风险提高了金融风险并向实体部门传导；另一方面，金融部门风险又会通过金融网络蔓延到地方政府债务风险。地方政府债务风险和金融部门风险会相互感染、相互传导、相互强化，形成风险的"双螺旋结构"。

地方政府债务风险可能诱发系统性金融风险的主要传导机制为：地方政府和金融机构关联紧密，地方政府债券的持有者主要是商业银行，而商业银行是金融体系的核心。一旦地方政府出现偿债危机，那么商业银行将会出现流动性危机，进而可能会危及整个金融系统的稳定，甚至触发系统性金融风险。除了上述基本渠道外，我国地方政府债务的下述特征，导致债务风险容易被隐蔽，但同时也因为被暂时隐蔽，从而更容易诱发风险。第一，地方融资平台存在主营业务收入不稳定、财务信息不透明等缺陷，容易隐蔽、集聚债务风险。此外，近年来地方政府各类变相举债方式层出不穷，比如影子银行贷款占地方政府债务的比重不断提高，地方政府通过表外业务的举债脱离了传统银行业的监管，即举债采取越来越隐蔽的方式，而金融监管的盲点进一步加大了债务风险向金融风险的传导。第二，地方政府往往干预金融部门的信贷行为，为地方融资平台提供隐性担保和刚性兑付，这种干预导致金融机构在审核融资平台债务时往往不遵循审慎原则。第三，大量负有担保责任和救助责任的或有债务，往往在非市场化机制下进行不规范运作和不透明管理，资源可能会流向产能过剩的业务，导致资金使用效率下滑，难以保障收益，进而影响未来还款，成为系统性隐患。第四，政府投资项目的回收期与较短的贷款期限往往不匹配，而期限错配容易造成市场流动性紧张，增加政府信用风险。

金融风险也会通过以下渠道对地方政府债务产生影响，加大财政风险。第一，金融市场一旦发生流动性困难，那么金融机构也将难以为地方举债提供信贷供给。特别地，这将出现地方偿债困难-银行不良率上升-银行发放贷款减少-地方偿债困难加剧的风险螺旋式上升。宏观调控中货币政策的方向转变会对债务风险产生影响。货币政策的突然紧缩，可能会提高发债成本，导致流动性不足，进而加大地方政府的再融资难度，推高偿债风险。货币政策的出台，如果缺乏与财政政策的充分协同，这类风险将十分突出。金融监管力度突然加强，比如提高对不良率、资本充足率等的要求，本意是为了控制金融风险，但也可能反而加大了债务违约的风险。第二，金融机构相互关联，资本交叉持有，一旦某一机构发生违约，可能会通过金融网络蔓延风险。第三，货币政策的紧缩可能会提高发债成本，导致流动性不足，加大地方政府的再融资难度，推高偿债风险。在货币政策出台后，如果缺乏与财政政策的充分协同，这类风险将十分突出。第四，金融监管力度加强，比如提高对不良率、资本充足率等的要求，本意是为了控制金融风险，但可能反而加大了债务违约的风险。第五，金融市场上的股票、外汇、黄金等资产价格如果发生下跌，那么将导致银行的资产缩水，银行为了满足资本充足率的要求，会减少信贷发放，这将加大地方政府再融资的难度。第六，房地产市场风险、地方政府债务风险和金融风险的联动效应。房价出现下跌，导致土地抵押品价值下降，银行会减少对地方融资平台的贷款，将导致地方融资平台出现偿债危机，进而产生金融风险。第七，产业类国有企业的负债在很大程度上也是依托地方政府信用,因而产业类国有企业的债务违约,也将导致市场对地方政府信用出现信心不足,从而使地方政府债券或城投债发行困难,加大债务违约风险。

(三)地方政府债务风险的测算

1992年,欧盟的《马斯特里赫特条约》规定,政府负债率(即债务余额占GDP的比重)不得超过60%,这一指标也被视为测度债务风险或财政可持续性的重要标准,其最大的优点是直观明了、易于计算,因此对于政策制定者而言,政府负债率也是最重要的参考指标。如果仅计算显性债务,2021年底我国中央与地方政府债务余额占GDP的比重达到47%,仍然低于60%,但近年来一直持续攀升。进一步,如果将规模庞大的隐性债务规模计算在内,我国政府债务占GDP的比重就达到了93%,远超60%的警戒线水平。

需要注意的是,近年来,一些不利因素导致我国财政收支矛盾加大,并加剧了地方债务风险。具体来说:

(1)在减税降费、经济下行和新冠疫情的冲击下,近年来地方政府的财政收支矛盾进一步加大。减税降费对财政收入减收的效应具有长期持久性,全国一般公共预算收入占GDP比重的情况,已经从2015年的22.1%连年降低至2019年的19.3%。为应对减税降费带来的财政收支矛盾,近年采取的主要"开源"举措包括盘活财政存量资金、从预算稳定基金调入、增加国有企业利润的上缴、盘活各类国有资产(资源)。其中,盘活财政存量资金、从预算稳定基金调入属于"调节性财力"。然而,财政各类"结余资金"及"调入资金"面临的最大问题是不可持续,未来可使用数额必然不乐观。提高国企分红面临天花板。提高国有企业向财政的分红比例固然也是财政收入来源之一,但过高的利润上缴比率必然降低国有企业投资的积极性,影响国有资本保值增值，最终也无法实现国有企业分红金额的提升。

（2）土地收益波动。减税降费主要减少了地方一般公共预算收入，导致地方政府对土地出让金的依赖程度明显上升。在一般公共预算、政府性基金预算、国有资本经营预算"三本预算"的地方财政收入总额中，一般公共预算收入的比重从2015年的77.23%一路下降到2019年的68.27%，而政府性基金预算收入的比重相应地从21.47%持续上升至30.31%。在地方政府性基金预算收入中，八成以上是地方政府的土地出让收入。土地出让收入是地方政府偿还政府债务的重要保障，也是发行城投债的重要担保。土地出让收入缩水使得地方政府偿债能力下降，同时地方债务的信用风险将会升高。受货币信贷政策、房地产调控政策的影响，房地产市场通常存在较大的波动性。由于土地出让金与房地产市场具有高度关联性，因而房地产市场的高波动性将导致土地出让金的高波动性，从而加大了当地政府财政运行的风险，也加重了地方债务问题。在今后一段时间，土地财政收入越来越难以延续高增长。2018年，在我国城镇化率突破60%大关之后，城镇化速度会逐步放缓，随着每年新增进城人口的减少，土地市场对于新增土地出让需求会减少，而政府土地出让收入的增长也将放缓。未来，在坚持"房住不炒"、不将房地产作为短期刺激经济手段的大背景下，地方政府依靠卖地取得的收入会进一步下降。

（3）在财政收入"开源"空间日益缩小的同时，财政支出"节流"空间也日益缩小。首先，行政管理经费的压缩空间日益缩小。近年来，我国压缩行政管理经费取得了很大的成效。根据我们的测算，一般公共服务支出占财政支出的比重，已经从2008年的15.3%下降到2021年的8.6%。但这也意味着，未来进一步压缩行政管理经费的空间日益缩小。其次，刚性支出压力较大。我国政府在中长期之内，还存在大量无法缩减的刚性支出，一方面是促进社会公平、保障基本民生的财政支出只增不减，另一方面是我国人口老龄化程度持续加深，医疗保障与养老金可持续性面对较大压力。

（4）货币政策的紧缩可能会提高发债成本，导致流动性不足，加大地方政府的再融资难度，推高偿债风险。在货币政策出台后，如果缺乏与财政政策的充分协同，这类风险将十分突出。

（四）地方政府债务风险的空间差异

地方政府的债务规模不仅在总量上不断膨胀，超出了传统的警戒线水平，而且地方政府的债务风险存在地区差异，一些地区的债务风险较高，需要加大防范力度。对于局部地区出现的偿债风险，尽管从表面上看，其严重程度低于全国普遍出现的偿债风险。但是，局部地区出现的偿债风险可能会传导至全国。一方面，预算软约束和中央隐性担保使债务风险具有自下而上的纵向溢出特征；另一方面，地方政府间的举债竞争导致债务风险在同级政府间横向溢出，最终局部性债务风险可能演变为系统性财政风险。

图5-3是2021年我国东、中、西部地区地方政府债务规模。图5-4是2021年我国东、中、西部地区地方政府债务利息负担率。就显性负债率而言，西部地区的显性负债率最高，为41.74%，东部地区（27.42%）比中部地区（30.88%）略低；就显性债务率而言，西部地区的显性债务率最高，为125.32%，东部地区（110.08%）和中部地区（110.96%）差距不大；就广义负债率而言，东部地区的广义负债率最低，为65.65%，西部地区最高，为91.40%；就广义债务率而言，广义债务率从高到低分别为西部地区、东部地区和中部地区。就一般债利息负担率而言，西部地区的负担率最高，为2.72%，东部地区（2.01%）比中部地区（2.22%）略低；就专项债利息负担率而言，中部地区的负担率最低，为4.79%，西部地区最高，为7.03%。

现代 预算制度建设

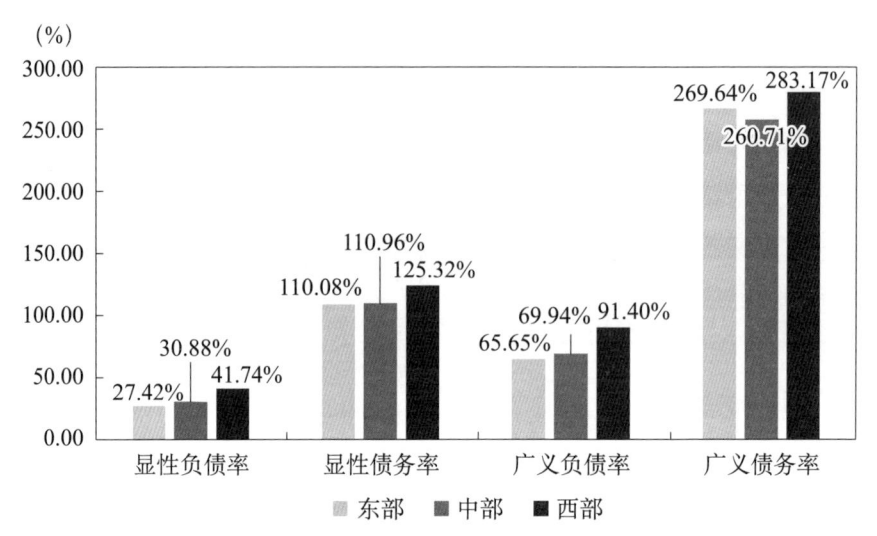

图 5-3 2021年我国东、中、西部地区地方政府债务规模

注：显性负债率是地方政府债券余额/GDP，显性债务率是地方政府债券余额/（地方一般公共预算收入+转移支付收入+地方政府性基金收入），广义负债率是（地方政府债券余额+城投有息债务余额）/GDP，广义债务率是（地方政府债券余额+城投有息债务余额）/（地方一般公共预算收入+转移支付收入+地方政府性基金收入）。

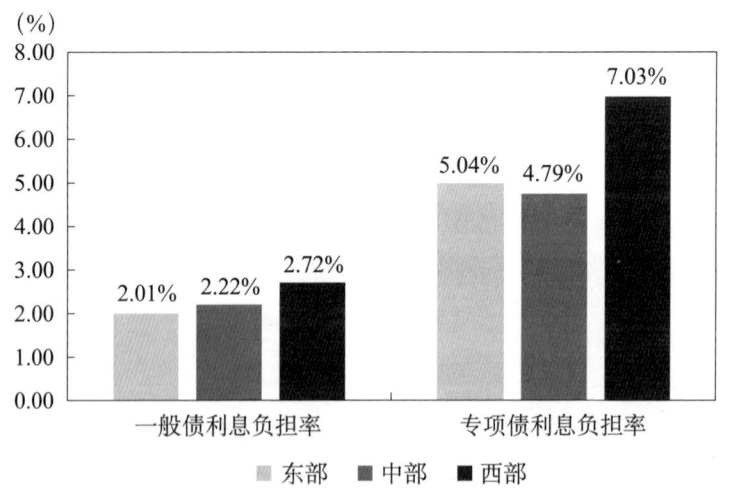

图 5-4 2021年我国东、中、西部地区地方政府债务利息负担率

注：一般债利息负担率是一般债务付息支出/当年一般公共预算支出，专项债利息负担率是专项债务付息支出/当年政府性基金预算支出。

第五章 地方政府债务：约束严格

地方债务风险的空间分化背后反映了我国地区间经济差距这一深层次因素：第一，西部地区的财力较为薄弱，偿债较为困难。大多数西部地区的人口流出，土地价值较低，作为还款来源的土地出让收入较为薄弱。第二，由于大多数西部地区地广人稀，因而西部地区的基础设施收益率较低，进一步制约了城投公司的偿债能力。

图 5-5 展示了 2020 年和 2021 年各省份显性负债率对比。2021 年各省份平均显性负债率为 33.85%，其中青海（83.28%）、贵州（60.61%）、天津（50.22%）、甘肃（47.79%）和吉林（47.30%）位居前五，主要是西部地区省份，它们的显性负债率均在 40% 以上。这主要是由于西部地区还款能力较差，导致债务累积过多。显性负债率较低的省份有江苏、广东、上海、西藏和福建，除福建外均未超过 20%。与 2020 年相比，2021 年各省份的显性负债率整体有所增加。这意味着各省份债务融资规模进一步扩大，还款压力继续提升。其中，涨幅最大的省份为北京和天津，它们的显性负债率较 2020 年提高了 5.0 个百分点。与此同时，2021 年显性负债率最高的省份为青海，最低的省份为江苏，其他省份排名变化不大。

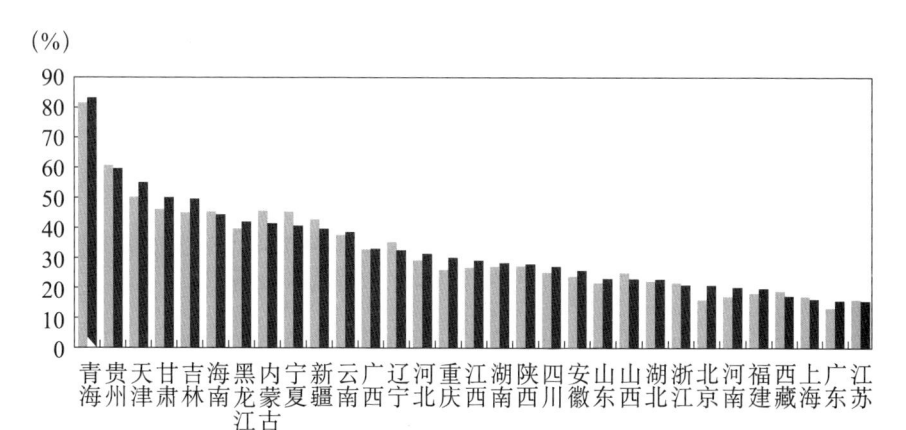

图 5-5 2020 年和 2021 年各省份显性负债率对比

图 5-6 展示了 2020 年和 2021 年各省份显性债务率对比。2021 年各省份平均显性债务率为 116.20%，各省份差距十分明显，显性债务率较高的省份是内蒙古（213.48%）、天津（205.52%）、贵州（157.54%）、云南（152.86%）和重庆（152.35%），表明这些地区政府债务蕴含的风险较大；显性债务率较低的省份是西藏、上海、江苏、浙江和广东，均未超过 90%，表明这些地区的显性债务风险相对较小。与 2020 年相比，有 7 个省份的显性债务率有所下降，其余省份均有一定上升。在显性债务率下降的省份中，降幅最大的为江西，较 2020 年下降了 14.2 个百分点；降幅最小的为辽宁，下降了 0.9 个百分点；在显性债务率上升的省份中，涨幅最大的为内蒙古，较 2020 年增加了 86.0 个百分点，涨幅最小的为湖北，增加了 1.4 个百分点。与此同时，2021 年显性债务率最高的省份是内蒙古，最低的省份为西藏。

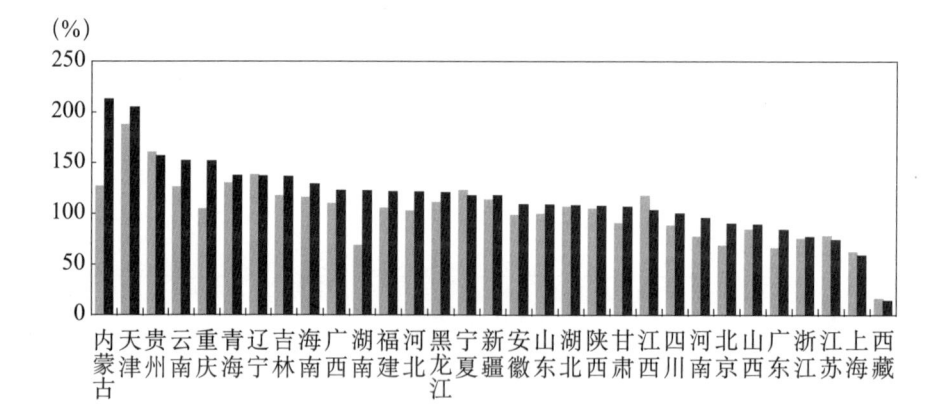

图 5-6 2020 年和 2021 年各省份显性债务率对比

图 5-7 展示了 2020 年和 2021 年各省份广义负债率对比。2021 年各省份平均广义负债率为 76.72%，天津（149.72%）、贵州（147.44%）、甘肃（132.32%）、四川（121.61%）和浙江（110.12%）位居前五。广义负债率较低的省份有广东、山西、上海、辽宁和北京，除北京外

均未超过40%。与2020年相比，有10个省份的广义负债率有所下降，其余省份均有一定提升。在广义负债率下降的省份中，降幅最大的为北京，广义负债率较2020年下降了89.4个百分点，降幅最小的为河南，下降了7.4个百分点；在广义负债率上升的省份中，涨幅最大的为天津，广义负债率较2020年增加了98.5个百分点，涨幅最小的为江苏，增加了6.7个百分点。与此同时，2021年广义负债率最高的是天津，最低的是广东。

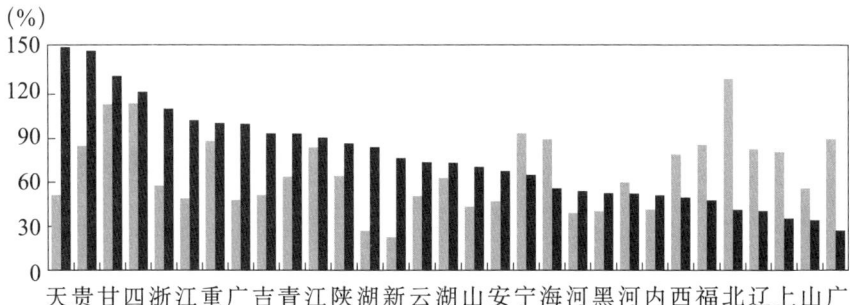

图5-7 2020年和2021年各省份广义负债率对比

图5-8展示了2020年和2021年各省份广义债务率对比。2021年各省份平均广义债务率为272.57%，其中天津（612.72%）、重庆（487.63%）、四川（432.15%）、江苏（413.05%）和浙江（388.02%）位居前五。广义债务率较低的省份有西藏、上海、山西、广东和黑龙江，除黑龙江外均未超过200%。与2020年相比，2021年各省份的广义债务率整体有所增加，这意味着各省份整体债务融资规模占政府财力的比重进一步加大。在广义债务率上升的省份中，涨幅最大的省份为湖南，广义债务率较2020年提高了195.8个百分点，涨幅最小的省份为山西，广义负债率较2020年提高了1.9个百分点。与此同时，2021年广义债务率最高的省份为天津，最低的省份为西藏。

现代 预算制度建设

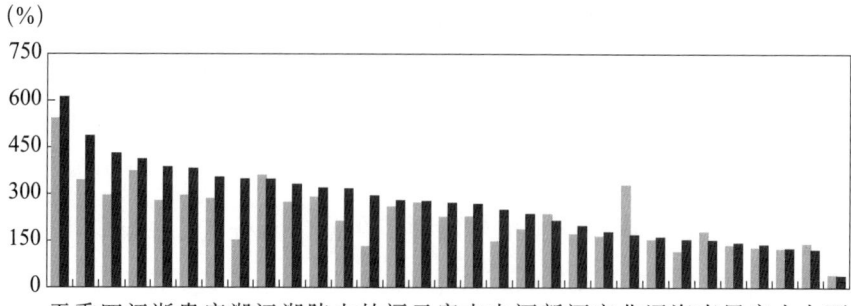

图 5-8　2020 年和 2021 年各省份广义债务率对比

图 5-9 展示了 2020 年和 2021 年各省份一般债利息负担率对比。2021 年各省份平均一般债利息负担率为 2.34%，负担率较高的省份是内蒙古（5.13%）、贵州（4.03%）、辽宁（3.98%）、青海（3.70%）和宁夏（3.44%），表明这些地区政府的短期还债压力较大；负担率较低的省份是西藏、北京、广东、上海和江苏，均未超过 2%，它们的一般债还债压力相对较小。与 2020 年相比，有 4 个省份的一般债利息负担率有所下降，其余省份均有一定上升。在一般债利息负担率下降的省份中，降幅最大的为山东和江苏，一般债利息负担率较 2020 年

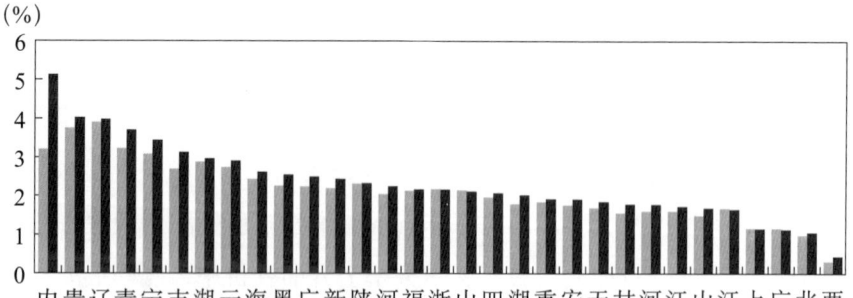

图 5-9　2020 年和 2021 年各省份一般债利息负担率对比

- 146 -

下降了 0.03 个百分点，降幅最小的为浙江，下降了 0.01 个百分点；在一般债利息负担率上升的省份中，涨幅最大的为内蒙古，一般债利息负担率较 2020 年增加了 1.9 个百分点，涨幅最小的为陕西，增加了 0.01 个百分点。与此同时，2021 年一般债利息负担率最高的省份是内蒙古，最低的省份为西藏。

图 5-10 展示了 2020 年和 2021 年各省份专项债利息负担率对比。2021 年各省份平均专项债利息负担率为 5.75%，宁夏（16.42%）、天津（9.97%）、内蒙古（8.90%）、辽宁（8.26%）和青海（7.67%）位居前五。专项债利息负担率较低的省份有浙江、江苏、上海、山东和广东，均未超过 4%。由于 2020 年新增专项债券发行额高达 3.6 万亿元，同比增长 67.6%，因而 2021 年专项债利息负担率相比 2020 年有爆发式增长。该现象在部分省份体现得尤为明显，其中涨幅最大的省份为宁夏，专项债利息负担率较 2020 年增加了 8.7 个百分点，涨幅最小的省份为陕西，增加了 0.01 个百分点。与此同时，2021 年专项债利息负担率最高的省份是宁夏，最低的省份是浙江。宁夏的专项债利息负担率超过了 10%，达到 16.42%，这表明宁夏可能已有部分市县政府的专项债利息负担率超过 10%，面临潜在的财政整顿风险。天

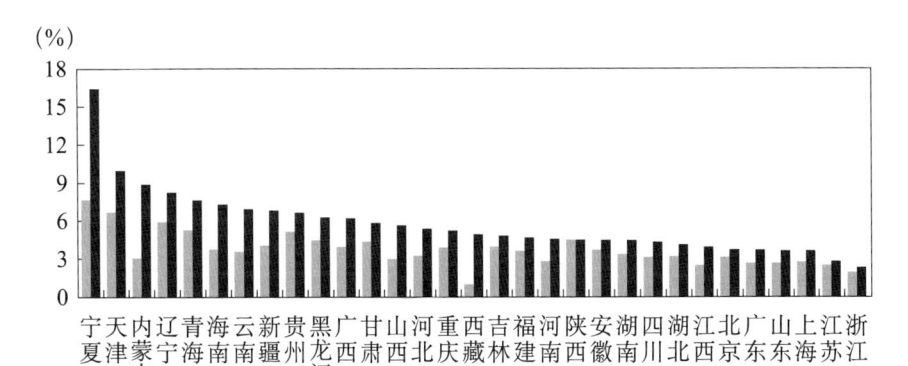

图 5-10　2020 年和 2021 年各省份专项债利息负担率对比

津、内蒙古和辽宁的专项债利息负担率也快速逼近国务院发布的《地方政府性债务风险应急处置预案》中规定的10%警戒线,未来专项债务扩张的空间极为有限。相比之下,浙江、江苏、上海、山东等地的专项债利息负担率较轻,它们的专项债务在未来仍有一定扩张空间。

(五)地方政府债务管理的核心矛盾

探索健全地方债务管理制度,实现稳增长与防风险长期均衡,事关统筹发展和安全的大局,是地方政府债务管理改革的主要目标。地方政府债务管理需要处理的核心矛盾就是稳增长与防风险之间的矛盾。尽管地方政府债务规模膨胀蕴含巨大的财政与金融风险,但地方政府举债又在稳增长当中发挥了巨大的作用。地方政府债务的扩张,意味着地方政府支出的扩张,而财政支出增加通过乘数效应可以提振宏观经济。特别是处于宏观经济下行期时,债务扩张带来的支出扩张更能有效拉动总需求,从而促进经济复苏。需要注意的是,不论是地方显性债务还是隐性债务的扩张,都具有同等的财政政策效应。地方融资平台的基础设施投资,其资金只有一部分源于预算内资金,大部分源于城投债、银行贷款、非标融资等。尽管通过隐性举债方式产生的基建投资不属于预算内财政支出,但事实上与预算内财政支出的扩张效果相同,属于准财政政策。因此,地方政府债务通过加杠杆,放大了财政政策中预算资金的作用。与此同时,根据理论的预测,在经济处于下行期时,由于总需求不足、私人投资意愿低,此时地方债务扩张的财政效果较大。但是,当经济走出衰退期后,这种效果将减弱。在西方国家,当经济不景气时,政府通常采取刺激消费的财政措施(如发放消费券、减免直接税),但中国居民的储蓄率高,采取刺激消费的举措效果较为微弱,而加大基础设施的建设,就成为扩张性财政政策的一种有效方式。

地方政府举债可以直接支持当地基础设施建设并促进区域资本积

累，而基础设施建设支出的增加以及良好的发展环境可以吸引更多投资，成为推动长期经济增长的重要推力。具体而言，基础设施通过如下渠道可以促进经济增长：第一，降低货物贸易成本，促进市场一体化。例如，通过扩大市场范围，促进规模经济利用和专业化分工；通过促进专业化分工，提升生产效率。第二，促进国内市场的竞争，以降低企业在局地的垄断、促进优胜劣汰、改善资源配置效率。第三，降低人员流动成本，促进思想的传播和技术的扩散。第四，通过投入产出关联，使基础设施投资对上游行业（比如建材业、交通设备制造业）产生引致需求效应，同时基建行业支付的工人工资也可以引致对其他行业的需求。在以上渠道的作用下，基础设施投资与各部门的私人投资形成了互补，可以提高私人投资的边际产出，从而有利于经济增长。

此外，地方政府的债务规模膨胀不仅蕴含着巨大的财政与金融风险，也会通过以下机制对经济增长产生不利影响：

第一，财政政策的挤出效应。政府在建设基础设施时将与私人部门争夺有限的社会资源。特别地，如果政府是举债建设基础设施，将减少私人部门的信贷资源，可能加重民营企业的融资难问题。公共投资扩大导致金融体系中市场利率的上升，也会降低私人部门的投资意愿。与中小企业相比，地方政府融资平台拥有更充足的抵押品以及地方政府的隐性兜底保障，在获取银行信贷方面具有天然的优势。地方政府债务对中小企业的融资产生挤出效应，进而会导致中小企业融资难、融资贵。当然，在经济不景气时期，公共投资对私人投资的挤出效应可能较小，这是因为在经济不景气时，私人企业的投资意愿本来就会大幅降低，因而此时公共投资对于提振内需来说不可或缺。李嘉图等价定理对地方政府债务的财政政策效果提出了质疑。李嘉图等价定理认为：政府在当期借债，必然在未来加税以偿还债务。民众预期未来加税将导致终生收入下降，因而在当前就减少消费，而消费减少带来的总需求减少将完全抵消当期借债对总需求的增加。因此，尽管地方政府举债融资可以扩张财政支出，但无法拉动当地经济。当然，对于中国的地方债务而言，其偿还机制与未来税收并不直接相关，而且在中央最终承担隐性救助责任的情况下，当地的债务扩张也不必然是用当地的税收偿还，因而此时地方政府债务在拉动当地经济短期增长上具有正向效果。

第二，由于地方融资平台长期占用大量信贷资源，但生产率高的创新型部门却难以获得充分的信贷支持，将导致信贷资金的资源错配现象。资源错配既不利于总体生产率的提升，又不利于经济增长动力的转换。因此，地方政府债务面临的三重软预算约束不仅导致债务规模的过分膨胀，而且由于缺乏市场化的定价，导致金融体系中的资金价格无法反映资源的稀缺性，因而产生大量的资源错配。地方政府债务还导致了空间错配问题，由于人口净流出，因而很多落后地区的基础设施投资实际上利用效率较低，同时收益率也较低，而很多人口净流入地区的基础设施投资仍具有较高的回报率。但是，在目前的基础设施投融资体系下，资金并不是根据市场配置，因而基础设施投资本身也存在地区间的资源错配。

四、深化地方政府债务管理改革

党的十九大报告把"防范化解重大风险"摆在打好三大攻坚战的首位，而化解地方政府债务风险是其中最重要的内容之一，事关统筹发展与安全的大局。习近平总书记强调：既要高度警惕"黑天鹅"事件，也要防范"灰犀牛"事件；既要有防范风险的先手，也要有应对和化解风险挑战的高招。党的十九届五中全会进一步把健全政府债务管理制度作为建立现代财税金融体制的重要方面。

2014年后,以国务院43号文的出台为标志,地方债务管理的主要改革方向是加强中央对地方政府的约束和监督。但从实际看,地方政府违法违规举债和变相举债仍然屡禁不止,也就是地方政府隐性债务风险犹存。由于"上有政策、下有对策",因而单纯加强中央的约束和监督,无法从根本上控制地方政府举债的动机,也无法从根本上控制金融机构对地方政府举债的推波助澜。地方政府的隐性债务屡禁不断,源于一系列深层次的体制性原因。因此,构建对地方政府债务管理的长效机制,不仅能从根本上破除地方政府过度举债的激励,而且能破除金融机构对地方政府举债的推波助澜。只有通过深层次的财税、金融体制改革和官员考核制度改革,我国才能构建起对地方政府债务管理的长效机制。

(一)与地方政府债务相关的财政体制改革

地方政府债务既是财政问题,又是金融问题。地方政府债务的形成机理既有财政体制不完善的诱因,又有金融体系不健全的诱因。地方政府债务累积的风险既是财政风险,又会传导至金融体系,产生财政风险与金融风险相互溢出的螺旋。正因为如此,健全地方政府债务管理制度,必然要从完善财政体制和金融体制入手,同时构建债务管理的长效机制。这样既能充分发挥地方政府债务对稳增长的促进作用,又能有效防范化解财政金融风险。

构建地方政府债务管理的长效机制之一是加快构建新型央地财政关系,理顺各级政府在事权、支出责任与财力之间的关系,破除地方政府的软预算问题,通过建立激励相容的机制,实现地方政府举债的自主约束机制。

1.理顺各级政府在事权、支出责任与财力上的划分

地方政府过度举债融资的一个重要体制性原因是地方政府事权、

支出责任与财力不匹配问题尚未根本解决。自1994年分税制改革以来，财力大幅向中央集中，而事权和支出责任却不断下沉，造成地方政府财政收支存在较大缺口。城市基础设施建设的支出责任主要由地方政府承担，在城镇化快速推进的过程中，基础设施存在快速增长的需求，大量基建资金缺口由地方政府以举债方式筹措。

因此，要完善财政分权体制，需要建立地方事权、支出责任与财力相适应的制度，同时建立权责清晰、财力协调的央地财政关系。在支出侧，应当合理划分并明确中央与地方政府的事权和支出责任，适当增加中央的支出责任，将重大基础设施、宏观调控的支出责任上收至中央。在明确中央与地方政府的支出责任后，根据支出责任测算相应的执行成本，然后根据执行成本分配财力，保障各级政府财力与事权相匹配。与此同时，以法律和制度建设为抓手，建立控制上级政府向下级政府随意下达"无资金"任务的机制，解决地方政府财力与事权不匹配的矛盾。在收入侧，应当健全地方税收体系，培育地方主体税种，稳步扩大地方税收管理权，稳定地方政府的财力和财权。近年来，优化中央与地方政府事权和支出责任划分的改革逐步加快，目前已经取得了积极的进展。2016年，国务院印发了《关于推进中央与地方财政事权和支出责任划分改革的指导意见》，该文件明确了划分财政事权和支出责任的基本原则、主要内容和要求，正式拉开了财政事权与支出责任划分改革的序幕。在明确中央与地方政府事权和支出责任的同时，我国还应该健全地方税体系，培育壮大地方税税源，稳步扩大地方税管理权，使地方政府有较为稳定、自主的财力来源。

在合理划分财政收支责任、优化事权和财权的同时，我国还需要加强转移支付制度建设，也就是建立科学合理的资金分配模式，对财力薄弱地区进行补助。需要注意的是，尽管转移支付可以弥补财力缺口，促进落后地区的地方政府事权、财权与支出责任匹配，但也可能加重落后地区依靠中央财政补助的程度，助长预算软约束。因此，在增加对落后地区转移支付的同时，应该明确"中央事后不救助"原则。

总体来看，对央地财政关系的调整，不仅要缓解地方财力与支出责任失衡的局面，而且要硬化地方政府的预算约束，破除中央对地方政府财政的救助预期，打破市场对中央的刚性兑付预期，强化地方政府的自主责任意识，形成责任清晰的政府举债机制，即"谁举债谁负责、谁融资谁负责"。

2. 破除中央的无限兜底预期

地方政府过度举债的另一个根源是，存在中央兜底预期。在我国的行政体制下，中央不会容忍地方政府破产和地方公共服务停摆，中央事实上承担了地方政府债务的最终兜底责任。由于存在对中央事后救助的预期，地方政府有动机超出自身财力水平过度举债。市场上存在坚挺的"城投公司信仰"，这不仅是对地方政府救助的预期，而且是对中央兜底的预期。因此，调整央地财政关系，匹配地方政府的事权与财权，不仅要缓解地方政府的财权和支出责任失衡的局面，而且要破除中央对地方政府的救助预期和隐性担保，硬化地方政府的预算约束，强化地方政府的自主责任意识，形成权责清晰的政府举债机制，即"谁举债谁负责、谁融资谁负责"。坚持中央不救助原则，做到"谁家的孩子谁抱"，坚决破除地方政府认为中央会买单的"幻觉"。通过形成责任清晰的政府举债机制，最终实现地方政府不愿意过量举债、市场也不愿意对地方政府过量融资。

硬化地方政府的预算约束需要中央通过立法的形式规定债务重组的程序和破产机制等。第一，完善地方财政重整制度，在发生地方政府性债务风险时启动应急处置，如精简地方政府各类支出、开展债务重组、偿还到期债务、变现政府资产等，实现财政与经济的良好互动，使地方政府走出财政困境。第二，探索建立地方政府破产机制，让责任模式回归到"谁借谁还"的风险承担范畴内，倒逼各级政府在举债时量力而行。同时要明确，财政破产不等于无政府，政府仍旧承担公共服务事务的责任。2016年，中央出台的《地方政府性债务风险应急处置预案》初步建立了财政整顿机制，已经在约束地方政府过度举债上起到了一定成效。但是，在我国现行体制下，中央承担最终兜底责任的预期要从根本上破除，仍然任重道远。第三，目前仅有省级政府具有发行政府债券的资格。省级政府在发行政府债券后，会将部分资金分配给下属的各城市，而城市建设的主体是市级政府，因而这导致了借债的权力与还债的责任不对等的局面，使省对市也存在软预算约束。为此，我们建议：应逐步允许市级政府自发自还地方政府债券。当然，这一做法的代价为：市级政府的信用低于省级政府，所以举债成本将上升，但唯有如此，才能真正硬化地方政府预算约束，起到约束地方政府过度举债的作用。当然，这一做法的前提仍然为：破除其他软化地方政府预算约束的体制。

中央继续完善对地方政府债务管理的硬约束（上级约束）机制。在地方政府举债无法完全实现责任清晰、无法完全打破中央兜底预期的现实体制下，单纯依靠地方政府自主约束和市场约束是不行的，还应该同步坚持中央对债务额度的上限约束，形成约束有力、风险可控的政府举债机制，实现地方政府不能过量举债的上级约束机制。但是，中央应该精准测算各地区债务风险，合理分配各地区债务额度，并依托人大立法，科学设定、定期调整地方政府债务规模和结构。

3. 加强人大预算监督机制

应当发挥地方人大对基建投资和政府举债的监督及制约作用。第一，提高财政资金使用效益，在基建投资项目上马前进行严格的成本收益核算，更加注重项目规划、可行性研究等前期工作，充分考虑地方政府偿债能力，防止过度投资和超前投资。对于人口流出地区，因为基建需求相对较弱，所以要严格审核投资项目，避免资金浪费。第二，明确地方政府和各级部门在投资管理中的职能定位，编制资本支出和债务综合预算，建立政府投资项目跟踪和绩效评估系统，将绩效评估结果作为下一期预算分配的前置条件，倒逼财政部门、预算部门和单位在项目执行过程中提高资金使用效益，将不该花的钱省下来。第三，在现有的四本预算之外，建立债务与资本性支出预算，加强各级人大对债务余额、限额及年限等情况的审查，推动政府债务信息公开透明。一方面，通过预算公开，形成对地方政府财政支出和投资项目的民主监督机制；另一方面，预算公开也是向市场披露信息、形成市场约束的前提条件。第四，加强中期财政规划管理，实现中期财政规划与年度预算的约束。推进全过程、全方位绩效预算管理，形成"以证据或结果为导向的绩效评价体系"，将绩效评价结果作为下一期预算分配的前置条件，倒逼财政部门、预算部门和单位提高资金使用效益，将不该花的钱省下来。

2021年6月，中共中央办公厅印发了《关于加强地方人大对政府债务审查监督的意见》。该意见表明，加强地方人大对债务的预算监督，是推动防范化解地方政府债务风险的重要保障。该意见强调对显性债务强化地方人大监督，但由于目前隐性债务不纳入预算，因而未受地方人大的充分监督。隐性债务涉及政府向企业提供担保、向企业注入土地或公益性资产、国有资产处置等事项，地方人大还未将这些政府行为充分纳入监督范畴。该意见还提到：地方政府对投资规模较大和对本地区有重要影响的重大建设项目，应当提供项目投资规模、资金来源及构成情况表，交由地方人大审查。这些重大建设项目既应该包括政府纳入财政预算的投资项目，又应该包括未纳入预算、主要由城投公司建设的重大项目。

4.破除地方政府对城投公司的软预算约束

在处理好中央与地方政府之间关系的同时，还应该处理好地方政府与城投公司之间的关系，破除地方政府对城投公司的软预算约束：

（1）清晰界定地方政府与城投公司之间的关系。城投公司作为市场化主体，是以市场化的形式承接城市发展业务，这样可以减少地方政府对城投公司的行政干预，破除地方政府对城投公司的软预算约束，促使城投公司和地方政府建立新型市场契约关系，实现城投公司的完全市场化转型，最终形成城投公司自主负责、自负盈亏、自担风险的约束机制。

（2）建立地方基建投资项目的分类管理机制，即政府理应承担的归政府、市场理应承担的归市场。对于政府承担的项目，仅能通过纳入预算内的地方政府债券举债融资，受中央限额管理、地方预算制度约束。对于市场承担的项目，应该完全交由企业自主决策、自主承担风险。我们应严格隔离政府信用与企业信用，在制度层面将城投公司的自身经营风险与政府风险、社会风险进行隔断。

（二）与地方政府债务相关的金融体制改革

地方政府债务规模的扩张也离不开金融机构的推波助澜。地方政府的显性和隐性举债融资之所以得到商业银行的积极配合，甚至商业银行对借债给地方政府趋之若鹜，除了不合理的中央兜底预期和城投信仰外，部分源于地方政府干预扭曲了金融体系的市场化运行。因此，未来应当厘清地方政府与金融机构之间的关系，通过市场化的金融体系改革，以资金的市场价格引导资源配置，通过有效的市场约束健全地方政府债务管理。

1.减少地方政府对金融机构的行政干预

第一，减少地方政府对当地金融机构的行政干预，打破地方政府控制金融资源的隐性金融分权格局，破除地方政府对商业银行经营的行政命令干预，同时防止地方政府以财政存款或财政补贴等形式诱导商业银行的经营行为，阻断地方政府通过行政干预影响地方政府债券定价的可能。①

第二，完善商业银行的公司治理，通过股权结构优化实现管理制衡，同时提高商业银行的风险甄别能力和风险防范意识，提高经营审慎程度，促进形成市场化融资自律约束机制。

第三，建立金融机构优胜劣汰的市场退出机制，打破地方政府救助预期。通过建立金融机构的市场化出清制度，将地方政府传递额外支持的可能性排除，促进金融生态优胜劣汰，打破金融机构"大而不能倒"的软预算约束，促使其审慎稳健经营。

2.健全地方政府债券的市场化发行与定价机制

首先，金融市场发挥约束力量的一个有效前提为：债务信息的透明度需要提高。通过建立地方政府资产负债表、综合财务报告等方式增加地方政府财政信息的透明度，可使债券评级与定价充分反映其真实风险，形成有效的政府债券市场。一方面，可以对地方政府形成强有力的市场约束；另一方面，可以防止金融体系定价扭曲。与此同时，我们应该健全金融监管机制，充分认识地方政府债务可能出现的新金融变种。

其次，目前地方政府债券的投资人主要是商业银行，其认购的地方政府债券占比约为85%。与此同时，地方政府债券发行利率与国债利率之间的利差偏低，发行价格偏高，导致在二级市场上地方政府债券交易不活跃。投资人单一、发行定价市场化程度不高，弱化了地方政府债券的投资属性。我们应该通过多元化投资主体，激发证券公

---

① 将地方债与财政存款或其他资金管理业务进行合并和打包证券化，一并在债券市场上竞价发行，可以减少地方政府的干预（王治国，2018）。

司、基金公司、保险公司以及个人等商业银行之外的投资人对地方政府债券投资的积极性，进一步提高地方政府债券的流动性和市场化程度，进而调动市场力量参与地方政府债务治理。以上改革也有助于打破地方政府债券发行利率趋同化的现象，促使地方政府债券的定价合理反映地区差异和项目差异。

3. 大力发展股权融资，吸引私人投资参与基础设施建设

从长远看，我国应该大力鼓励私人资本参与基础设施建设领域的投资。这可以实现四方面的好处：第一，缓解地方政府投资的资金压力。第二，私人投资可以解决基础设施投资项目上的软预算约束问题，同时解决国有企业的激励问题。第三，发挥市场参与主体在分散决策、试错和创新上的优势，减少在基础设施项目选择、投资规模上的盲目性。第四，借助私人企业在运营基础设施方面的专业优势，提高管理效率。当然，这需要坚定保护产权，同时构建市场化、法治化、国际化的营商环境，坚定不移地贯彻"两个毫不动摇"，充分发挥国有经济的作用，大力鼓励、支持、引导非公有制经济发展。与此同时，我国还应加大混合所有制改革，落实同股同权。

对于符合条件的、有收益的基础设施项目，还可探索资产证券化方式，以便将未来现金流折现，缓解当前现金紧张；通过探索债转股，可以把存量债务转化为股权。在基础设施领域，推进不动产信托投资基金等模式的改革刻不容缓。

4. 财政与金融协同治理

完善地方政府债务管理体制，构建有利于平衡稳增长与防风险关系的长效机制，需要加快推进财政与金融的协同改革，破除三重预算软约束，构建责任清晰、激励相容的举债机制，见图5-11。第一，需要理顺中央与地方政府的关系，破除中央对地方政府的无限兜底责任预期。第二，理顺地方政府与城投公司的关系，建立地方基建投资

项目的分类管理机制，政府理应承担的归政府、市场理应承担的归市场，破除地方政府对城投公司的隐性担保预期。第三，推进金融体系的市场化改革，加强商业银行的公司治理机制，破除政府对商业银行的行政干预，建立市场化融资自律约束机制。通过破除三重软预算约束，建立起自主约束、中央约束、市场约束的三重约束机制，形成财政与金融之间的隔离带，真正控制住地方政府的举债冲动，强化市场对金融资源配置的决定性地位。

与此同时，我们也要合理界定财政政策与货币政策的各自边界，既要建立明确的财经纪律防火墙，又要在宏观政策上形成合力，加强财政政策与货币政策的协同。当财政政策发力，地方政府加大基础设施投资和举债额度时，货币政策既要适当宽松，防止过度挤出民间投资，又要防止过度宽松，导致资金过度流入基建领域，使金融风险加剧。

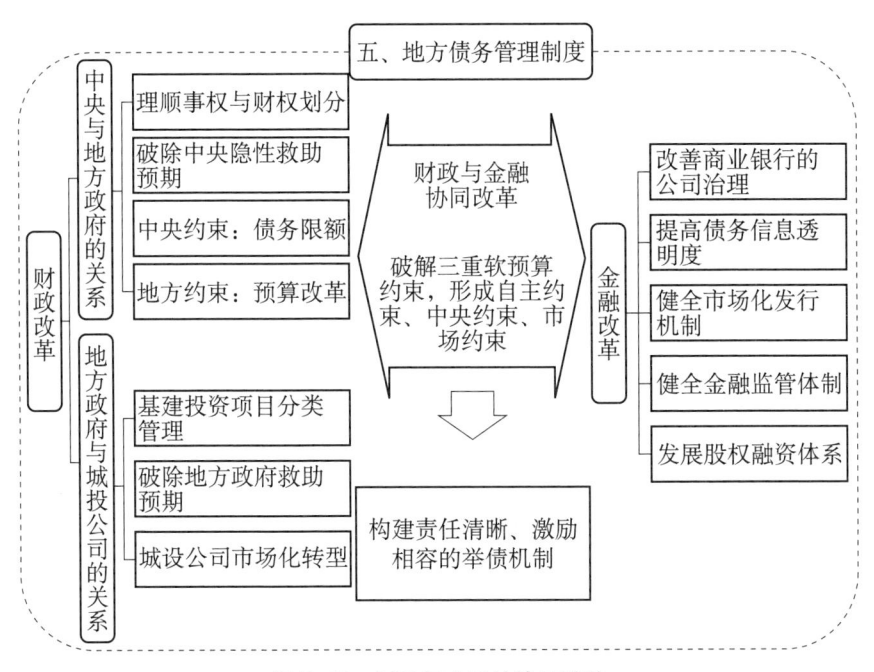

图 5-11 财政与金融的协同改革

（三）破除地方政府不合理的政绩观

地方政府债务规模膨胀，特别是隐性债务屡禁不止，根本原因还是地方政府存在巨大的投资冲动。地方政府出于短期政绩考虑，普遍存在"以债谋增长"的动机，它们通过大举借债投资基础设施、开发新城，在短期内拉动当地经济增长。很多地方不考虑自身财力，急于超前发展，很多基建投资项目在上马前未进行严格的成本收益测算。特别是一些人口净流出地区，不仅自身财力相对薄弱，而且基建投资的经济效益和社会效益都相对较低，因而过度投资更易引发偿债风险。对于缺乏经济效益的投资项目，市场机制本应淘汰它们，但地方政府以行政指令的方式将这些项目交由城投公司承接，必然导致政企难以真正分离，从而城投公司难以真正转型为自主投资、自担风险、自负盈亏的市场化主体。

因此，要发展健康的、自主发债的地方政府债券市场，就要改善地方政府官员的激励机制，通过顶层设计，破除"以债谋增长"的发展模式。习近平总书记在2017年中央金融工作会议上指出："各级地方党委和政府要树立正确政绩观，严控地方政府债务增量，终身问责，倒查责任。"因此，我们有必要将负债率等地方政府性债务情况纳入地方干部的考核体系与经济责任审计中，特别是加强官员离任审计中的债务审计，避免官员因为有限的任期而采取短视的融资和发展方式，将过多债务留给下一任，激励其转变经济发展方式、推动高质量发展。

"优化发展职能"是地方政府债务治理的制度基础，应该扭转过度的生产性支出偏向，从根本上改变地方政府重生产建设、轻社会民生的激励导向。未来，我国地方政府势必不会再重复之前大水漫灌式的投资刺激和重复低效的项目建设，而是统筹发展和安全，在当地财力可承受范围内并保证不出现区域系统性财政金融风险的前提下,将有限的财政资源用在促进经济新旧动能转换、实现高质量发展和可持续发展等"刀刃"上。地方政府发展职能的不断优化将从制度根源上摆正地方政府债务管理的"发展逻辑",有效抑制地方政府举债冲动,为完善地方政府债务治理提供坚实的制度基础。

(四)近期的政策选择

诚然,不论是推进财政与金融体制协同改革,还是破除地方政府不合理政绩观、推动经济发展模式的变革,对于从源头上解决地方债务风险都起着至关重要的作用。然而,囿于体制的路径依赖和改革的成本,要在短期内彻底实现转变是不现实的,上述改革势必任重而道远。在短期内控制债务风险,仍需加强中央的约束监督机制:在显性债务上,合理制定债务限额;在隐性债务上,严格加强对地方政府和金融机构的问责。

在当前稳增长压力较大的经济形势下,以及在"堵后门"堵得更紧、继续严格管控地方隐性债务的同时,我们应该进一步扩大"开前门"的力度,提高地方专项债券额度。与此同时,加快地方政府债券发行到转换为基建投资的速度,使地方债成为基建投资扩张的重要抓手。

第六章
预算绩效管理：结果导向

预算绩效管理就是紧紧围绕提升财政资金的使用效益，将绩效理念和方法深度融入预算编制、执行和监督的全过程。预算管理方式由加强支出规范性向重视支出有效性转变，也就是更加注重结果导向、强调成本效益。全面实施预算绩效管理是推进国家治理体系和治理能力现代化的内在要求，是深化财税体制改革、建立现代预算制度的重要内容，是优化财政资源配置、提升公共服务质量的关键举措，是推动党中央、国务院重大方针政策落地见效的重要保障。

一、预算绩效管理概述

（一）预算绩效管理的内涵

绩效是效益、效率和效果的统称，包括行为过程和行为结果两个方面。在财政支出领域中，效益、效率和效果经常在不同场合使用，其本质内涵并无差别，都是从资源投入与产出关系的角度描述资源配置所处的状态。但对于衡量财政支出结果来说，效益、效率和效果都是其中的一个方面，三者之中的任何一个都不能准确、全面地反映资源配置情况。绩效的含义更广泛，绩效包含了效率、产品与服务的质量及数量、机构所做的贡献与质量，包含了节约、效益和效率。[①]运用绩效概念衡量财政支出行为，所指的不单纯是一个政绩层面，主要包括财政支出成本、支出效率、政治稳定、社会进步、发展前景等内涵。评价财政支出的绩效，可以从经济绩效、社会绩效和政治绩效三方面进行分析[②]：

（1）经济绩效表现在经济持续发展上，不仅是在经济总量上扩张，而且在经济结构和生产效率上都有质的提升。

（2）社会绩效是在经济发展基础上的进步，包括居民生活水平和生活质量的普遍改善、社会公共产品供应质量与水平的提高、社会治安状况良好、就业水平稳定增长、公民素质不断提高、社会环境不断得到优化等。

（3）政治绩效主要体现在制度安排和制度创新方面的改进，通过制度创新改进决策机制和决策成本，实现公平与效率原则。

预算绩效管理是以一级政府财政预算（包括收入和支出）为对象，以政府财政预算在一定时期内所达到的总体产出和结果为内容，以促进政府透明、责任、高效履职为目的所开展的绩效管理活动。

（二）预算绩效管理的特征

1. 预算绩效管理是一个综合性范畴

从实践的角度来看，绩效管理主要围绕经济测定、效率测定、效益测定三个方面展开。经济测定涉及投入资源的成本；效率测定关注投入与产出的比率关系，它是对组织过程的评价；效益测定涉及组织目标的实现，效益标准又可以划分为产出标准和效果标准。产出标准

---

① 普雷姆詹德. 公共支出管理. 北京：中国金融出版社，1995.
② 朱志刚. 财政支出绩效评价研究. 北京：中国财政经济出版社，2003.

是针对政府部门提供的服务而言的,效果标准是针对长期目标(如就业率、失业率等)而言的。

2. 预算绩效管理是一个完整的系统

绩效管理系统包括确定目标、拟定评价指标、选择评价方法、安排适当的时间和评价步骤、组织评价工作等。一个有效的绩效管理系统应该是:①由一系列的绩效标准组成,这些绩效标准能满足组织不同层次的需要;②抓住绩效的效率、效益维度的实质;③提供用以保持绩效的不同维度之间的协调方法;④将定量与定性方法相结合;⑤拥有把评估看作前进的发展过程的管理哲学;⑥明确评价标准,以免被管理者人为操纵。①

3. 预算绩效管理是一个动态过程

作为一个过程,绩效管理包括确定绩效目标、架构绩效指标体系、收集资料和评价绩效等一整套操作程序。在实践中,由于绩效管理侧重点的变化,人们对绩效管理过程的界定有时也会发生变化。

(三)预算绩效管理的主题

预算绩效管理的内容十分广泛,涉及诸多领域和目标任务,比如支出的合规性、支出项目的财务状况、支出的客观性、相关结果等,都应在预算绩效管理中得到体现。由此,确立预算绩效管理的主题是建立预算绩效管理体系的一个至关重要的前提条件。目前,主流的学术观点认为"4E"指标[即经济(economic)、效率(efficiency)、效果(effectiveness)、公正(equity)]是构建预算绩效管理体系应遵循的基本主题。

---

① 卓越.公共部门绩效评估.北京:中国人民大学出版社,2004.

1. 经济

经济指标关心项目的"投入",要求以尽可能低的投入或成本,提供既定数量和质量的公共产品或服务。一般是指部门投入管理项目中的资源水平,涉及的问题是在既定的时间内,在获取一定的收益或得到一定产出的情况下花费了多少钱。这一指标并不关注服务的品质。

2. 效率

效率指标所要评价的是在既定的时间和预算投入下,产生了何种公共服务结果。公共部门的效率指标通常包括服务的提供、活动的执行、服务与产品的数目、每项服务的单位成本等。效率指标包含两个方面的内容:一是生产效率,是指生产或提供服务的平均成本;二是配置效率,是指所提供的产品或服务能否满足利害关系人的不同偏好,能否接近帕累托最优状态,即资源的配置能否实现绝大多数人的最大利益。

3. 效果

效果指标通常是指实施管理后,公共服务的情况是否有了改善,用于衡量公共服务实现既定目标的程度。效果指标关注公共服务的目标或结果,通常是以产出与结果之间的关系进行评价的。效果可以分为两类:一是现状的改变程度,如国民受教育的状况、环境质量变化程度、交通状况改变程度等;二是行为的改变幅度,如社会犯罪行为的改善幅度等。

4. 公正

公正指标关注的基本问题是接受公共服务的团体或个人是否都得到公平的待遇,弱势群体是否得到了公平对待并享受到所需的更多服务。衡量公正指标有相当大的难度。

（四）预算绩效管理的要素

预算绩效管理意味着要将绩效理念融入预算管理全过程，使之与预算编制、预算执行、预算监督一起成为预算管理的有机组成部分，建立"预算编制有目标、预算执行有监控、预算完成有评价、评价结果有反馈、反馈结果有应用"的预算绩效管理机制，由此决定了构成预算绩效管理的五大要素：绩效目标管理、绩效运行跟踪监控、绩效评价实施、绩效评价结果反馈和绩效评价结果应用。

1. 绩效目标管理

（1）绩效目标设定。绩效目标是预算绩效管理的基础，也是整个预算绩效管理系统的前提，包括绩效内容、绩效指标和绩效标准。预算单位在编制下一年度预算时，要根据国务院编制预算的总体要求和财政部门的具体部署、国民经济和社会发展规划、部门职能及事业发展规划，科学、合理地测算资金需求，编制预算绩效计划，报送绩效目标。报送的绩效目标应与部门目标高度相关，并且是具体的、可衡量的、一定时期内可实现的。预算绩效计划要详细说明为达到绩效目标拟采取的工作程序、方式方法、资金需求、信息资源等，并有明确的职责和分工。

（2）绩效目标审核。财政部门要依据国家相关政策、财政支出方向和重点、部门职能及事业发展规划等对单位提出的绩效目标进行审核，包括绩效目标与部门职能的相关性、实现绩效目标所采取措施的可行性、设置绩效指标的科学性、实现绩效目标所需资金的合理性等。绩效目标不符合要求的，财政部门应要求报送单位调整、修改；审核合格的，进入下一步预算编审流程。

（3）绩效目标批复。财政预算经各级人民代表大会审查批准后，财政部门应在单位预算批复中同时批复绩效目标。批复的绩效目标应当清晰、可量化，以便在预算执行过程中进行监控以及在预算完成后实施绩效评价时对照比较。

2. 绩效运行跟踪监控

预算绩效运行跟踪监控管理是预算绩效管理的重要环节。各级财政部门和预算单位要建立绩效运行跟踪监控机制，定期采集绩效运行信息并汇总分析，对绩效目标运行情况进行跟踪管理和督促检查，纠偏扬长，促进绩效目标的顺利实现。若在跟踪监控中发现绩效运行目标与预期绩效目标发生偏离，要及时采取措施予以纠正。

3. 绩效评价实施

预算支出绩效评价是预算绩效管理的核心。在预算执行结束后，要及时对预算资金的产出和结果进行绩效评价，重点评价产出和结果的经济性、效率性和效益性。实施绩效评价要编制绩效评价方案，拟订评价计划，选择评价工具，确定评价方法，设计评价指标。预算具体执行单位要对预算执行情况进行自我评价，提交预算绩效报告，要将实际取得的绩效与绩效目标进行对比，如未实现绩效目标，须说明理由。组织开展预算支出绩效评价工作的单位要提交绩效评价报告，认真分析研究评价结果所反映的问题，努力查找资金使用和管理中的薄弱环节，制定改进和提高工作的措施。财政部门对预算单位的绩效评价工作进行指导、监督和检查，并对其报送的绩效评价报告进行审核，提出进一步改进预算管理、提高预算支出绩效的意见和建议。

（1）预算绩效评价的评价主体与客体。

1）评价主体。评价主体是指"由谁评价"的问题。至于由哪些人参与评价，要视评价的目的、使用的标准和具体的被评价对象的情况而定。如果仅从组织的内、外两方面来分析，绩效评价主体可以分为内部评价主体和外部评价主体；选择哪种绩效评价主体，也要以评价的目的而定。如果评价是为了检验被评价对象是否负责任、是否提供了令人满意的服务,就应由外部评价主体(如专门的评估机构、大众传媒、公民等)来进行;如果评价是为了让被评价对象自我检查、纠错,用于改正、发展、提高,就应组织内部评价主体(如内部综合评价主体、直接主管领导、自评主体等)来进行。这样一来,每个评价主体以各自不同的角度对同一被评价对象的绩效进行评价,得出各自的评价结果,再由专门的评估机构综合处理后得出最终的评价结论,既保证了评价过程的公正性,也在最大程度上保证了评价结果的全面性和客观性。

财政预算绩效评价主体至少应包括综合评估组织、直管领导、公众或行政相对人、自我评估主体以及特定评估主体等。通过科学的评价主体选择,在全社会形成"鱼缸效应",也就是使公共部门的活动就像鱼缸中的金鱼一样,时时刻刻都受到大众的审视和评判。

2)评价客体。财政预算绩效评价的评价客体是指对什么进行评价,是评价组织机构所要实施绩效评价的对象。财政预算绩效评价的评价客体包括五个方面:

第一,财政预算综合绩效。财政预算综合绩效是对一级政府或一定区域的财政预算绩效进行综合评价,不仅要评价财政支出产生的经济效益,而且要评价财政支出产生的社会效益、环境效益、生态效益等。

第二,部门预算绩效。部门预算绩效是指各级政府的组成机构或承担相应公共职能、取得本级财政资金的部门(包括作为一个预算单位的财政部门),其预算执行结果与预算目标之间的对比。

第三,单位预算绩效。财政资金使用单位是指预算部门所属财政资金的具体使用机构或财政资金支付项目的组织实施机构。单位预算绩效评价是对执行预算单位的预算执行结果与预算目标之间的对比。

第四,财政支出项目绩效。财政支出项目是指财政资金的基本使用对象。财政支出项目绩效评价是对财政支出项目的投资绩效进行综合评价，包括支出项目立项决策的效果评价、技术效率或技术可行性评价、支出项目的经济性和有效性评价、支出项目的社会影响效果评价。

第五，财政政策绩效。财政政策是由财政收入政策、财政支出政策、财政管理政策组成，它包括财政政策目标和财政政策调节手段两部分。财政政策绩效评价主要包括以下几个方面：一是财政政策设定程序的合法性、公正性、规范性；二是财政政策的必要性，比如目标设定是否符合各级要求，是否符合实际情况，是否符合社会发展需求，是否符合人民群众利益；三是财政政策的可行性，比如财政政策规定的实际措施与目标达成是否具备因果关系；四是财政政策内容是否完整、支持范围是否合理、扶持方式是否精准、配套措施是否完备；五是财政政策实施的阶段性目标兑现情况，与社会经济发展的契合度等；六是财政政策完成的效率性、效益性、公平性以及社会形势变化对财政政策的影响程度。

（2）预算绩效评价的基本内容、评价指标及评价标准。

1）预算绩效评价的基本内容。预算绩效评价的基本内容包括：绩效目标的设定情况；资金投入和使用情况；为实现绩效目标制定的制度、采取的措施等；绩效目标的实现程度及效果；绩效评价的其他内容。

2）预算绩效评价指标。从预算绩效评价指标的适用范围来看，可分为共性指标和个性指标。共性指标是指适用于所有被评价对象的指标，主要包括预算编制和执行情况、财务管理状况、资产配置、使用、处置及其收益管理情况以及社会效益、经济效益等。一般来说，共性指标由财政部门统一制定。个性指标是指针对预算部门或项目特点设定的、适用于不同预算部门或项目的业绩评价指标。一般来说，个性指标由财政部门会同预算部门制定。

3）预算绩效评价标准。预算绩效评价标准是指以一定量的有效样本数据为基础，利用数理统计的原理进行预测和分析而得出的标准样本数据。评价标准的正确取值，关系到最终评价结果的高低、优劣，在整个评价体系中至关重要。预算绩效评价标准通常包括：

第一，行业标准，是指以一定行业中许多群体的相关指标数据为样本，运用数理统计方法计算和制定出的该行业评价标准。采用行业标准便于财政管理部门对各类支出项目的绩效水平进行历史的、横向的比较分析，通过评价结果总结出一定时期内同类支出项目应达到的经济效率或有效水平，并为加强支出管理提供科学标准。行业标准的充分应用需要以强大的数据资料库做支撑。

第二，计划标准，是指以事先制定的目标、计划、预算、定额等预定数据作为评价财政预算绩效的标准。计划标准通过将实际完成值与预定数据进行对比，发现差异并达到评价目的。计划标准比较适用于部门和项目评价。但由于计划标准往往受主观因素的影响，其制定要求相应较高。

第三，历史标准，是指以本地区、本部门、本单位或同类部门、单位、项目的绩效评价指标的历史数据作为样本，运用一定的数理统计方法计算出的各类指标的平均历史水平。历史标准也可以是该地区、部门、单位或项目过去形成的某个数据，如上年实际数据、上年同期数据、历史最好水平等。由于历史标准具有较强的客观性和权威性，因而在实际操作中得到了广泛应用。但在实际运用时要注意对历史标准进行及时的修订和完善，尤其要注意剔除价格变动、数据口径不一致和核算方法改变所导致的不可比因素，以保证历史标准符合客观实际情况。

第四，经验标准，是指根据长期的财政经济活动发展规律和管理实践，由在财政管理领域具有丰富经验的专家和学者，经过严密分析研究后得出的有关指标标准或惯例。经验标准具有较强的公允性和权威性，但在财政预算绩效评价体系中，不是所有的指标都有经验标准可供使用，其适用范围比较局限。经验标准适用于缺乏同业比较资料，尤其是缺乏行业标准时的绩效评价。

（3）预算绩效评价的方法。预算绩效评价的方法就是指在实施预算绩效评价过程中采用的具体工具和方法。预算绩效评价的方法主要包括以下几种：成本效益分析法、比较法、因素分析法、最低成本法、公众评判法、标杆管理法等。成本效益分析法是指将投入与产出、效益进行关联性分析的方法。比较法是指将实施情况与绩效目标、历史情况、不同部门和地区同类支出情况进行比较的方法。因素分析法是指综合分析影响绩效目标实现、实施效果的内外部因素的方法。最低成本法是指在绩效目标确定的前提下，达成目标成本最低者为优的方法。公众评判法是指通过专家评估、公众问卷及抽样调查等方式进行评判的方法。标杆管理法是指以国内外同行业中较高的绩效水平为标杆进行评判的方法。

4. 绩效评价结果反馈

建立绩效评价结果反馈和应用制度，将绩效评价结果及时反馈给预算具体执行单位，要求其根据绩效评价结果，完善管理制度、改进管理措施、提高管理水平、降低支出成本、增强支出责任。

5. 绩效评价结果应用

将绩效评价结果作为安排以后年度预算的重要依据，优化资源配置；将绩效评价结果向同级人民政府报告，为政府决策提供参考，并作为实施行政问责的重要依据。逐步提高绩效评价结果的透明度，将绩效评价结果，特别是一些社会关注度高、影响力大的民生项目和重点项目支出绩效情况，依法向社会公开，接受社会监督。

二、预算绩效管理改革

我国非常重视预算绩效在预算管理中的重要作用,2003年党的十六届三中全会提出"建立预算绩效评价体系",2007年党的十七届二中全会提出"推行政府绩效管理和行政问责制度",2010年党的十七届五中全会提出"完善政府绩效评估制度"。2011年第十一届全国人民代表大会第四次会议关于预算审查结果报告中提出"要加强预算支出绩效考核"。2015年施行的《预算法》要求绩效管理要贯穿财政预算活动的全过程。《中华人民共和国国民经济和社会发展第十三个五年规划纲要》明确要求进一步建立健全预算编制与监督机制,全面推进预算绩效管理。2017年党的十九大报告提出,"建立全面规范透明、标准科学、约束有力的预算制度,全面实施绩效管理"。2018年的《政府工作报告》也明确要求,全面实施绩效管理,使财政资金花得其所、用得安全。

(一)预算支出绩效评价兴起(1990—2000年底)

进入20世纪90年代以后,随着我国财政管理体制改革不断深入,财政收入稳定增长机制日趋完善和稳固,但财政支出缺乏有效的管理机制,重收轻支现象仍然存在。因此,我国根据建立公共财政框架的需要,适时提出了加快改革财政支出制度,调整优化财政支出结构,提高财政资金使用效益这一根本性要求。

1. 投资项目绩效评价

在改革开放以后,我国开始借鉴世界银行的做法,着手开展国家重点投资项目的财政预算绩效评价工作。投资项目绩效评价的主要目的是全面总结投资项目的决策、实施和运营情况,分析项目的技术效益、经济效益、社会效益和环境效益的影响,为投资决策和项目管理

第六章　预算绩效管理：结果导向

提供经验教训，改进并完善项目，提高其可持续性。投资项目绩效评价一般分为四个阶段：一是项目自评阶段，由项目业主会同执行管理机构，按照国家的有关要求编写项目的自我评价报告，报行业主管部门和发展改革委或国家开发银行；二是行业或地方初审阶段，由行业或省级主管部门对项目的自我评价报告进行初步审查，提出意见，一并上报；三是正式的财政预算绩效评价阶段，由相对独立的财政支出评价机构，组织专家对项目进行财政预算绩效评价，通过资料阅读、现场调查和分析讨论，提出项目的财政预算绩效评价报告；四是成果反馈阶段，在投资项目绩效评价报告的编写过程中，要广泛征求各方面的意见，在报告完成后要以召开座谈会等形式进行发布，同时发放成果报告。

投资项目绩效评价有五项基本内容：

（1）项目目标评价。一方面，要对照判断原定目标完成的主要指标，检查项目的实际情况和变化，分析发生变化的实际原因，以判断目标的实现程度；另一方面，要对项目原定决策目标的正确性、合理性和实践性进行分析评价。有些项目原定的目标不明确或不符合实际情况，在项目实施过程中可能发生重大变化，如政策性变化或市场变化等，绩效评价要给予重新分析和评价。

（2）项目实施过程评价，应对照在立项评估或可行性报告时所预计的情况和实际执行过程，对两者进行比较及分析，以找出差别、分析原因。

（3）项目效益评价，主要分析和评价项目的内部收益率、净现值及贷款偿还期等项目盈利能力和清偿能力指标。

（4）项目影响评价，主要包括：一是经济影响评价；二是环境影响评价；三是社会影响评价。

（5）项目持续性评价，是指在项目的建设资金投入完成后，项目的既定目标是否还能继续，项目是否可以持续地发展下去等。项目持续性的影响因素一般包括：本国政府的政策；管理、组织和地方参与；财务因素；技术因素；社会文化因素；环境和生态因素；外部因素等。

2. 行政事业单位财务分析评价

1990年开始，财政部从行政事业单位财务分析入手，开始加强对行政事业单位的财务管理。1995年，财政部印发了《文教行政财务管理和经费使用效益考核办法（试行）》，同时制定了政策性指标、结构性指标、收入管理指标、定额指标、周转金指标、辅助指标六大类共29项考核指标，并规定了考核分析报告内容和百分制量化计分办法；制定了行政单位财务分析指标；规定了事业单位财务分析的内容与指标。1998年，财政部修订了《文教行政财务管理和经费使用效益考核办法（试行）》，印发《文教行政财务管理和经费使用效益考核办法》，将考核指标体系的综合考核指标调整为12项，主要是反映经济发展、财力状况、支出水平和各主要费类之间相互联系的考核指标；将单项考核指标中的经济效益指标调整为24项，主要是直接反映经费的筹集、分配、使用和效益的财务指标；将单项指标中的社会效益指标调整为23项，主要是反映与经费使用有密切联系的、体现事业发展成效和工作质量的指标。

（二）预算支出绩效评价试点（2001—2008年底）

1. 地区试点

随着预算绩效理念的确立，我国开始探索预算绩效评价体系的建立，并选择一些地区进行了试点。2001年，湖北省财政厅根据财政部的统一部署，率先在该省恩施土家族苗族自治州选择了5个行政事业单位，进行了财政支出绩效评价试点工作。2002年，湖北省又在全省范围内进行了扩大试点，湖南、河北、福建等地也进行了小规模试点，并取得了初步成效。

2.中央实行预算绩效试点

2003年，党的十六届三中全会提出"建立预算绩效评价体系"，自此拉开了我国预算绩效改革的序幕。同年，财政部开始制定绩效考评办法，中央开始实行预算绩效试点工作。随后，财政部陆续出台了《中央级教科文部门项目绩效考评管理试行办法》《中央级行政经费项目支出绩效考评管理办法（试行）》《财政部关于开展中央政府投资项目预算绩效评价工作的指导意见》等，明确了绩效考评的概念、范围、原则、考评的组织实施等内容，在一定程度上加强了对部门预算支出效果的管理，提高了财政资金使用效益，促进了绩效管理理念的普及，而后试点项目不断增加，试点范围进一步扩大。

3.绩效评价的实质性突破

2005年，财政部出台了《中央部门预算支出绩效考评管理办法（试行）》，统一规定了中央部门预算绩效评价的基本制度，明确了部门预算支出绩效考评是运用一定的考核方法、量化指标及评价标准，对中央部门为实现其职能所确定绩效目标的实现程度，以及为实现这一目标安排预算的执行结果所进行的综合性考核与评价。

通过这一阶段中央及各地开展财政支出效益评价试点工作，已经初步建立了财政预算绩效评价工作体系、评价指标体系、评价工作程序，初步制定了工作制度，为此后的财政预算绩效评价工作奠定了基础。

（三）预算支出绩效评价扩大试点范围（2009—2011年）

在上一个试点阶段的基础上，2009—2011年财政部扩大了预算绩效评价的试点范围。

1. 统一绩效评价制度

（1）完善预算绩效评价的文本。2009年，财政部制定了《财政支出绩效评价管理暂行办法》，明确了绩效评价的主体和基本原则、评价对象和基本内容、绩效目标、评价指标、评价标准和方法、组织管理和工作程序、评价结果及其应用等。在此基础上，财政部颁发了《关于进一步推进中央部门预算项目支出绩效评价试点工作的通知》，进一步明确了绩效评价的工作程序、评价内容及评价结果公开等，并完善了预算绩效评价的文本。

（2）统一绩效评价制度。2011年，财政部对《中央部门预算支出绩效考评管理办法（试行）》和《财政支出绩效评价管理暂行办法》进行了合并，出台了《财政支出绩效评价管理暂行办法》，统一指导全国的财政预算绩效评价工作，不再区分中央和地方，并进一步明确了评价主体和原则、评价对象和内容、绩效目标设定、绩效评价指标、评价标准和方法、评价的组织管理和工作程序、绩效报告和绩效评价报告、评价结果及应用等。

2. 扩大试点范围

2011年确定绩效评价试点项目242个，涉及149个部门，绝大多数中央一级部门已纳入了绩效评价试点范围，涉及资金近70亿元。另外，2011年还将"全国中小学校舍安全工程"等9个专项转移支付项目纳入绩效评价试点范围。①

3. 推进预算绩效管理

2011年7月，财政部发布了《关于推进预算绩效管理的指导意见》，明确指出预算绩效管理是一个由绩效目标管理、绩效运行跟踪监控管理、绩效评价实施管理、绩效评价结果反馈和应用管理共同组

---

① 廖晓军. 明确目标 扎实工作 全面推进预算绩效管理. 中国财政，2011（11）：8-12.

成的综合系统，要将绩效理念融入预算管理全过程，使预算绩效管理与预算编制、预算执行、预算监督一起成为预算管理的有机组成部分，逐步建立"预算编制有目标、预算执行有监控、预算完成有评价、评价结果有反馈、反馈结果有应用"的预算绩效管理机制。

三、预算绩效管理现状

1990—2011年我国预算绩效评价试点范围逐渐扩大，并积累了比较丰富的经验，同时我国财政收支规模超过10万亿元。在2012年以后，我国预算绩效评价从原来的试点层面提升到制度化、常态化层面。

（一）完善顶层制度设计

2012年，财政部印发了《预算绩效管理工作规划（2012—2015年）》，同时制定了《县级财政支出管理绩效综合评价方案》和《部门支出管理绩效综合评价方案》两个配套文件。2013年，财政部印发了《预算绩效评价共性指标体系框架》，用于在设置具体共性指标时进行指导和参考，从而完善了顶层制度设计；与此同时，财政部还要求各级财政部门和预算部门针对具体评价对象的特点，另行设计具体的个性绩效评价指标，从而形成完善的绩效评价指标体系。2014年，财政部发布了《地方财政管理绩效综合评价方案》，通过对地方财政管理绩效的综合评价，进一步推动地方深化财税体制改革，改进预算管理制度，提高财政资金使用效益，探索构建符合我国国情的地方财政管理绩效评价体系。

2016年，《中华人民共和国国民经济和社会发展第十三个五年规划纲要》明确要求建立健全预算编制与监督机制，全面推进预算绩效管理。2016年12月，财政部预算评审中心在财政绩效评价工作推进会中提出《2017年财政绩效评价行动计划》，力求完善绩效评价指标体系，建立绩效评价数据平台系统。

2018年9月，中共中央、国务院印发了《关于全面实施预算绩效管理的意见》，对全面实施预算绩效管理进行统筹谋划和顶层设计，为我国建立全方位、全过程、全覆盖的预算绩效管理体系提出了战略指引，是新时期预算绩效管理工作的根本遵循。

（二）预算绩效管理的法律地位得以明确

《预算法》明确要求，从预算编制到审查、批准，从预算执行、决算到预算监督，均应体现绩效管理，并以法律形式明确了财政预算的绩效管理规定，使预算绩效管理有法可依。[①]

（三）建立健全预算绩效管理机构

2010年，财政部在预算司设立了预算绩效管理处，负责组织和指导全国的预算绩效管理工作。2012年，财政部正式成立了预算绩效管理工作领导小组，健全了预算绩效管理领导体制和工作机制。2014年

[①]《预算法》指出，预算绩效管理应贯穿预算活动的始终。《预算法》第十二条规定："各级预算应当遵循统筹兼顾、勤俭节约、量力而行、讲求绩效和收支平衡的原则。"《预算法》第三十二条规定："各级预算应当根据年度经济社会发展目标、国家宏观调控总体要求和跨年度预算平衡的需要，参考上一年预算执行情况、有关支出绩效评价结果和本年度收支预测，按照规定程序征求各方面意见后，进行编制。"《预算法》第四十九条规定："省、自治区、直辖市、设区的市、自治州人民代表大会有关专门委员会，县、自治县、不设区的市、市辖区人民代表大会常务委员会，向本级人民代表大会主席团提出关于总预算草案及上一年总预算执行情况的审查结果报告，审查结果报告应当包括对执行年度预算、改进预算管理、提高预算绩效、加强预算监督等提出意见和建议"。《预算法》第五十七条规定："各级政府、各部门、各单位应当对预算支出情况开展绩效评价。"《预算法》第七十九条规定："县级以上各级人民代表大会常务委员会和乡、民族乡、镇人民代表大会对本级决算草案，重点审查……支出政策实施情况和重点支出、重大投资项目资金的使用及绩效情况。"

8月，财政部将投资评审中心改名为预算评审中心，其职能和作用为：一是建立预算评审机制，将预算评审实质性嵌入部门预算管理流程，使预算评审成为预算编制的必要环节，提高预算编制的真实性、合理性和准确性。二是全过程参与预算绩效管理，成为绩效管理的重要组成部分，为提高财政资金使用效益服务。三是按照中央本级项目支出定额标准体系建设部署和要求，加强理论政策研究，着力强化基础工作，充分发挥对项目支出标准体系建设的支撑作用。通过这些工作的开展，促进形成预算编制、执行、监管、绩效评价相互衔接及相互制约的工作机制。

（四）实践层面进行全过程预算绩效管理

1. 2016年首次实现中央部门项目支出绩效目标管理全覆盖

财政部要求中央部门一级、二级项目全部编报绩效目标，并对中央本级2 024个一级项目和中央对地方93个专项转移支付项目的绩效目标及指标进行了逐一审核，初步建立了比较规范的绩效指标体系。与此同时，财政部还在以下方面取得了较大进展：第一，启动绩效目标执行监控试点，选取中组部、水利部、银监会、审计署等15个部门开展绩效目标执行监控试点，及时发现管理漏洞，纠正执行偏差。第二，开展财政重点绩效评价工作。财政部从2015年度项目支出中筛选出25项重大民生政策和重点专项支出，开展重点绩效评价，基本涵盖教育、社保、农林水等重点民生领域，涉及资金3 000多亿元。第三，首次向全国人大常委会报送绩效评价报告。财政部将师范生免费教育、草原生态保护补助奖励等5个项目和政策绩效评价报告，作为2015年中央决算参阅资料提交全国人大常委会。第四，推进绩效评价结果随同中央决算向社会公开。财政部推动和组织69个部门向社会公开绩效工作开展情况，24个部门公开了项目绩效评价报告。第五，加强中央部门绩效自评。财政部要求中央部门在2016年预算执行完成后，对所有项目支出进行绩效自评，并按照不低于项目支出总金额的一定比例，选取部分一级项目绩效自评结果，随部门决算报财政部审核。①

2. 建立重点民生政策和重大专项支出绩效评价常态化机制

从2016年开始，财政部建立了重点民生政策和重大专项支出绩效评价常态化机制，每年选择部分党中央和国务院重视、社会关注度高、资金规模大、政策持续时间长的中央部门项目，以财政部为评价主体开展重点绩效评价。从涵盖领域看，具体分三类：教育、住房、水利等重点民生领域支出，如中央高校教育教学改革专项、农村义务教育学生营养改善计划国家试点补助、城镇保障性安居工程补助资金、农村水电增效扩容改造补助等；支持供给侧结构性改革的部分专项支出，如国家重点基础研究发展计划、深部资源探测核心装备研发项目；文化、信息化等社会关注度较高的其他领域支出，如国家数字图书馆资源建设及服务经费、国家出版基金、"金税"三期工程第二阶段项目、博士后日常经费等。

财政部会同相关部门围绕项目投入、管理、产出、效果四个方面精心设计绩效评价方案，从数量、质量、成本、时效、经济效益、社会效益、生态效益、可持续影响、服务对象满意度9个维度建立了评价指标体系，对项目在2016年度预算执行的主要产出和效果开展量化评估，对取得的成效、存在的问题进行分析，并提出有关改进措施和建议。为了保证客观性、公正性和专业性，具体评价工作委托财政部预算评审中心和驻各地财政监察专员办事处为主实施，并广泛聘请了第三方机构和专家参与。

---

① 参见财政部网站。

3. 开展绩效自评

《预算法》第五十七条明确规定，各级政府、各部门、各单位应当对预算支出情况开展绩效评价；2018年，《中共中央、国务院关于全面实施预算绩效管理的意见》对预算绩效评价工作的方式方法和结果应用等提出了新的要求，明确提出："通过自评和外部评价相结合的方式，对预算执行情况开展绩效评价""实现绩效评价结果与预算安排和政策调整挂钩"。2017年，财政部组织中央部门对所有项目2016年预算执行结果开展绩效自评。2020年，财政部印发了《项目支出绩效评价管理办法》，对预算项目支出绩效评价的对象和内容、绩效评价指标的标准和方法、绩效评价的组织管理与实施、绩效评价结果的应用及公开、法律责任进行了明确，为绩效自评进一步夯实了制度依据。绩效自评是对财政资金使用效果的信息反馈，也是预算绩效管理的重要组成部分。这是我国预算绩效管理的又一创新。

四、深化预算绩效管理改革

自改革开放以来，特别是在2003年以后，我国预算绩效管理改革以预算绩效评价为核心逐步展开，从开始兴起、初步试点、扩大试点范围，到常态化运行，一直在积极探索、不断创新，基本上形成了"预算编制有目标、预算执行有监控、预算完成有评价、评价结果有反馈、反馈结果有应用"的预算绩效管理体系。我国预算绩效管理取得了明显进展，比如在中央财政层面，逐步将重点项目绩效目标、绩效评价结果随同预决算报送全国人大，并向社会公开。这样可使公众了解到财政资金使用效果如何，能够更好地监督政府工作。在中央财政推动下，大部分省份积极探索预算绩效管理改革，并使预算绩效管理制度和组织体系初步建立，预算绩效管理的范围和层次不断拓展。

但与此同时，预算绩效管理仍然存在一些突出问题，主要包括：预算绩效管理的广度和深度不够，尚未覆盖所有财政资金或贯穿预算管理全过程；财政资金具有"重支出、轻绩效"的思维惯性；一些领域的财政资金使用低效或无效、闲置沉淀、损失浪费严重；对预算绩效管理的责任主体不明，导致约束不力；有些绩效自评不实、得分虚高，部分部门和地方外部绩效评价方法不统一、质量不高、结果应用软约束。因此，我国必须深化预算绩效管理改革，贯彻落实《中共中央、国务院关于全面实施预算绩效管理的意见》，加快建成全方位、全过程、全覆盖的预算绩效管理体系，提高财政资源配置效率和使用效益。

（一）完善预算绩效管理的基本原则

1. 坚持总体设计、统筹兼顾

按照深化财税体制改革和建立现代财政制度的总体要求，统筹谋划全面实施预算绩效管理的路径和制度体系，既聚焦解决当前最紧迫问题，又着眼健全长效机制；既关注预算资金的直接产出和效果，又关注宏观政策目标的实现程度；既关注新出台政策、项目的科学性和精准度，又兼顾延续政策、项目的必要性和有效性。

2. 坚持全面推进、突出重点

预算绩效管理既要全面推进，将绩效理念和方法深度融入预算编制、执行、监督全过程，构建事前、事中、事后绩效管理闭环系统，又要突出重点，坚持问题导向，聚焦覆盖面广、社会关注度高、持续时间长的重大政策、项目的实施效果。

3. 坚持科学规范、公开透明

健全科学规范的管理制度，完善绩效目标、绩效监控、绩效评价、结果应用等管理流程，健全共性的绩效指标框架和分行业领域的绩效指标体系，推动预算绩效管理标准科学、程序规范、方法合理、结果可信；大力推进绩效信息公开透明，主动向同级人民代表大会报告、向社会公开，自觉接受人民代表大会和社会各界监督。

4. 坚持权责对等、约束有力

建立责任约束制度，明确各方预算绩效管理职责，清晰界定权责边界；健全激励约束机制，实现绩效评价结果与预算安排和政策调整挂钩；增强预算统筹能力，优化预算管理流程，调动地方和部门的积极性、主动性。

（二）构建全方位预算绩效管理格局

1. 实施政府预算绩效管理

我国应将各级政府预算收支全面纳入绩效管理。各级政府预算收入要实事求是、积极稳妥、讲求质量，必须与经济社会发展水平相适应，严格落实各项减税降费政策，严禁脱离实际制定增长目标，严禁虚收空转、收取过头税费，严禁超出限额举借政府债务。各级政府预算支出要统筹兼顾、突出重点、量力而行，着力支持国家重大发展战略和重点领域改革，提高保障和改善民生水平，同时不得设定过高民生标准和擅自扩大保障范围，确保财政资源高效配置，增强财政可持续性。

2. 实施部门和单位预算绩效管理

我国应将部门和单位预算收支全面纳入绩效管理，赋予部门和资金使用单位更多的管理自主权，围绕部门和单位职责、行业发展规划，以预算资金管理为主线，统筹考虑资产和业务活动，从运行成本、管理效率、履职效能、社会效应、可持续发展能力和服务对象满意度等方面，衡量部门和单位整体及核心业务实施效果，推动提高部门和单位整体绩效水平。

3. 实施政策和项目预算绩效管理

我国应将政策和项目全面纳入预算绩效管理，从数量、质量、时效、成本、效益等方面，综合衡量政策和项目预算资金使用效果。对实施期超过一年的重大政策和项目实行全周期跟踪问效，建立动态评价调整机制，政策到期、绩效低下的政策和项目要及时清理退出。

（三）建立全过程预算绩效管理链条

1. 建立绩效评估机制

各部门、各单位要结合预算评审、项目审批等，对新出台的重大政策、项目开展事前绩效评估，重点论证立项必要性、投入经济性、绩效目标合理性、实施方案可行性、筹资合规性等，投资主管部门要加强基建投资绩效评估，评估结果作为申请预算的必备要件。各级财政部门要加强新增重大政策和项目预算审核，必要时可以组织第三方机构独立开展绩效评估，审核和评估结果作为预算安排的重要参考依据。

2. 强化绩效目标管理

各地区、各部门在编制预算时要贯彻落实党中央、国务院各项决策部署，分解细化各项工作要求，结合本地区、本部门实际情况，全面设置部门和单位整体绩效目标、政策及项目绩效目标。绩效目标不仅要包括产出、成本，而且要包括经济效益、社会效益、生态效益、可持续影响和服务对象满意度等绩效指标。各级财政部门要将绩效目标设置作为预算安排的前置条件，加强绩效目标审核，将绩效目标与预算同步批复下达。

3. 做好绩效运行监控

各级政府和各部门、各单位应对绩效目标实现程度及预算执行进度实行"双监控"，发现问题要及时纠正，确保绩效目标如期保质保量实现。各级财政部门应建立重大政策、项目绩效跟踪机制，对存在严重问题的政策、项目要暂缓或停止预算拨款，督促及时整改落实。各级财政部门要按照预算绩效管理要求，加强国库现金管理，降低资金运行成本。

4. 开展绩效评价和结果应用

各部门、各单位应通过自评和外部评价相结合的方式，对预算执行情况开展绩效评价。各部门、各单位应对预算执行情况以及政策、项目实施效果开展绩效自评，评价结果报送本级财政部门。各级财政部门应建立重大政策、项目预算绩效评价机制，逐步开展部门整体绩效评价，对下级政府财政运行情况实施综合绩效评价，必要时可以引入第三方机构参与绩效评价；健全绩效评价结果反馈制度和绩效问题整改责任制，加强绩效评价结果应用。

（四）完善全覆盖预算绩效管理体系

1. 建立一般公共预算绩效管理体系

各级政府要加强一般公共预算绩效管理：在收入方面，要重点关注收入结构、征收效率和优惠政策实施效果；在支出方面，要重点关注预算资金配置效率、使用效益，特别是重大政策和项目实施效果，其中的转移支付预算绩效管理要符合财政事权和支出责任划分规定，重点关注促进地区间财力协调和区域均衡发展。与此同时，各级政府要积极开展涉及一般公共预算等财政资金的政府投资基金、主权财富基金、政府和社会资本合作（PPP）、政府采购、政府购买服务、政府债务项目绩效管理。

2. 建立其他政府预算绩效管理体系

除一般公共预算外，各级政府还要将政府性基金预算、国有资本经营预算、社会保险基金预算全部纳入绩效管理，同时加强四本预算之间的衔接。政府性基金预算绩效管理要重点关注基金政策设立延续依据、征收标准、使用效果等情况，地方政府还要关注其对专项债务的支撑能力。国有资本经营预算绩效管理要重点关注贯彻国家战略、收益上缴、支出结构、使用效果等情况。社会保险基金预算绩效管理要重点关注各类社会保险基金收支政策效果、基金管理、精算平衡、地区结构、运行风险等情况。

（五）健全预算绩效管理制度

1. 完善预算绩效管理流程

各级财政部门要围绕预算绩效管理的主要内容和环节，完善涵盖绩效目标管理、绩效运行监控、绩效评价管理、评价结果应用等各环节的管理流程，制定预算绩效管理制度和实施细则；建立专家咨询机制，引导和规范第三方机构参与预算绩效管理，严格执业质量监督管理；加快预算绩效管理信息化建设，打破"信息孤岛"和"数据烟囱"，促进各级政府和各部门、各单位的业务、财务、资产等信息互联互通。

2. 健全预算绩效标准体系

各级财政部门要建立健全定量和定性相结合的共性绩效指标框架。各行业主管部门要加快构建分行业、分领域、分层次的核心绩效指标和标准体系，实现科学合理、细化量化、可比可测、动态调整、共建共享。绩效指标和标准体系要与基本公共服务标准、部门预算项目支出标准等衔接匹配，突出结果导向，重点考核实绩；创新评估评价方法，立足多维视角和多元数据，依托大数据分析技术，运用成本效益分析法、比较法、因素分析法、公众评判法、标杆管理法等，提高绩效评价结果的客观性和准确性。

（六）硬化预算绩效管理约束

1. 明确预算绩效管理责任约束

按照党中央、国务院统一部署，财政部要完善预算绩效管理的责任约束机制，地方各级政府和各部门、各单位是预算绩效管理的责任主体。地方各级党委和政府主要负责同志对本地区预算绩效负责，部门和单位主要负责同志对本部门本单位预算绩效负责，项目责任人对项目预算绩效负责，对重大项目的责任人实行绩效终身责任追究制，切实做到花钱必问效、无效必问责。

2. 强化预算绩效管理激励约束

各级财政部门要抓紧建立绩效评价结果与预算安排和政策调整挂钩机制，将本级部门整体绩效与部门预算安排挂钩，将下级政府财政运行综合绩效与转移支付分配挂钩；对绩效好的政策和项目，原则上优先保障；对绩效一般的政策和项目，要督促改进；对交叉重复、碎片化的政策和项目，予以调整；对低效或无效资金，一律削减或取消；对长期沉淀的资金，一律收回，并按照有关规定统筹用于亟须支持的领域。

（七）加强预算绩效管理组织保障

1. 加强预算绩效管理组织领导

坚持党对全面实施预算绩效管理工作的领导，充分发挥党组织的领导作用，增强把方向、谋大局、定政策、促改革的能力和定力。财政部要加强对全面实施预算绩效管理工作的组织协调。各地区、各部门要加强对本地区、本部门预算绩效管理的组织领导，切实转变思想观念，牢固树立绩效意识，结合实际制定实施办法，加强预算绩效管理力量，充实预算绩效管理人员，督促指导有关政策措施落实，确保预算绩效管理延伸至基层单位和资金使用终端。

2. 加强预算绩效管理监督问责

审计机关要依法对预算绩效管理情况开展审计监督,财政、审计等部门发现违纪违法问题线索,应当及时移送纪检监察机关。各级财政部门要推进绩效信息公开,重要绩效目标、绩效评价结果要与预决算草案同步报送同级人民代表大会,并向社会主动公开,搭建社会公众参与预算绩效管理的途径和平台,自觉接受人民代表大会和社会各界监督。

3. 加强预算绩效管理工作考核

各级政府要将预算绩效结果纳入政府绩效和干部政绩考核体系,作为领导干部选拔任用、公务员考核的重要参考,充分调动各地区、各部门履职尽责和干事创业的积极性。各级财政部门负责对本级部门和预算单位、下级财政部门预算绩效管理工作情况进行考核;建立考核结果通报制度,对工作成效明显的地区和部门给予表彰,对工作推进不力的进行约谈并责令限期整改。

第七章
预算信息：公开透明

预算公开是预算制度改革的核心要求，也是现代预算制度的基本特征，还是实现国家治理体系和治理能力现代化的重要推动力。公开透明预算制度的重要性表现在，它不仅是建立现代财政制度的重要组成部分，而且是强化政府受托责任、建设廉洁高效政府、提高政府治理绩效的重大基础性制度安排。党的十八届三中全会提出建立全面规范、公开透明的预算制度，《预算法》、《中华人民共和国政府信息公开条例》、《国务院关于深化预算管理制度改革的决定》、中办和国办《关于进一步推进预算公开工作的意见》，对预决算公开提出了明确要求。各地区、各部门应贯彻党中央和国务院决策部署，认真落实法律法规规定，将预决算公开作为政务公开的重点，围绕建立全面规范、公开透明的预算制度，积极推进预决算公开，取得明显成效。

一、预算公开透明概述

（一）预算公开透明的概念

预算信息公开是政府信息公开的重要内容和公共财政的本质要求，是指将预算机构的职能、预算制度、预算程序、预算数据等信息全面、准确、及时地向社会公开。预算透明度是指政府预算及相关活动信息的公开程度。公开透明是现代预算制度的基本原则和理念，预算公开本质上是政府行为的透明，是建设阳光政府、责任政府的需要。

财政预算透明首先要能向公众公开披露财政信息，因而财政预算信息公开是预算透明的核心内容，甚至是预算透明的前提和基础，没有财政预算信息公开，无法谈及预算透明。

关于财政透明度，最常用的是科皮茨（Kopits）和克雷格（Craig）给出的定义："财政透明度是指向公众公布政府结构与职能、财政政策意图、公共部门账户和财政计划的公开度。它涉及可以迅速得到可靠的、综合的、及时的、易于理解的、国际可比较的政府活动，选民和金融市场可以准确评估政府的财务状况、政府活动的真实成本和收益，包括它们现在和未来的经济和社会含义。"[①] 他们从制度透明度、会计透明度、指标与预测的透明度三个方面对财政透明度的含义进行了详细说明。制度透明度是指对政府财政行为进行全面制度界定，包括公开政府的结构及功能，对公共部门和私人部门要有清晰的界定；公开预算过程，解释预算方案的财政目的和优先顺序、披露绩效评价和财务审计结果；在税收方面，强调公民纳税要有明确的法律基础；公开政府管制的成本估计等。会计透明度是指向公众详细披露有关财务信息，包括各个政府部门的明细报表、部门之间的资金往来等。柯皮茨和克雷格认为：政府预算报告的财务账目范围应包括中央政府和地方政府在内的一般政府基金和社会保障基金等预算外基金以及公共企业的准财政活动。他们列举了一些提高会计透明度的必要措施，主要是按照权责发生制记账（以弥补收付实现制只着眼于现金流的不足）、准确评价政府资产和债务（金融资产）、公开年度支出的各

---

① Kopits, G., J. Craig, "Transparency in Government Operations", IMF Occasional Paper, 1998: 158.

个经济主体和用途的细目、公开年度收入细目等。指标与预测的透明度是指政府不仅要公布与财政平衡相关的若干指标以及政府总负债和净负债等与财政相关的指标，而且还应公布对一些财政分析性指标的测算，包括结构性和循环性的财政平衡、财政的可持续性（稳定债务的基本水平）、未设偿债准备金的政府债务净值等。他们指出：要实现短、中、长期财政预测的透明，就应尊重事实，明确区分基本情形（政策未发生变化时的情形）和政策发生变化时的情形。

国际货币基金组织的《财政透明度手册》就采用了上述定义。国际货币基金组织于1998年4月发布了《财政透明度良好做法守则——原则宣言》。2007年5月，经修订的《财政透明度良好做法守则——原则宣言》（以下简称《守则》）得到了国际货币基金组织执行董事会的批准，已有86个成员方据此对财政透明度做出评估。《守则》包括四个方面的内容：

第一，角色定位与责任的明确：①政府部门应区别于其他公共部门，同时区别于经济体的其他组成部分，而且公共部门内部的政策与管理角色应该明确并对公众披露；②财政管理应该有一个明确公开的、法定的、受规章限制的行政框架。

第二，公开的预算程序：①预算编制应该遵循一个确定的时间表，应该由明确的宏观经济目标和财政政策目标引导；②预算执行、监督与报告应该有明确的程序。

第三，信息向公众公开：①公众能够获得过去、现在和未来的财政活动以及主要的财政风险的全部信息；②应该以便于政策分析和解释的方式提供财政信息；③必须承诺财政信息会及时发布。

第四，完整性的保证：①财政数据必须满足所接受的数据质量标准；②财政活动应该受到有效的内部监督与安全的约束；③财政信息应该经得起外部细查。

科皮茨和克雷格从范围上指出了政府应该披露信息的透明度要求,而信息披露的对象、方式、时效等因素在一定程度上也影响着透明度的实现。国际货币基金组织的《财政透明度手册》及《守则》对财政透明度的含义及要素进行了较为明确的界定。此外,经济合作与发展组织于2001年发布了《预算透明度最佳做法》,国际预算合作组织(IBP)于2005年设计了开放预算指数。

(二)预算公开透明的要素

预算过程是申请财政资源和配置财政资源的过程。预算公开就是为了保障申请财政资源和配置财政资源过程的公开性、公平性、约束性,使得申请财政资源和配置财政资源的过程能够按照规定的法律制度和程序来进行,这就决定了预算公开透明的基本要素,涉及谁来公开、公开什么、公开的法律规定、按什么程序公开、以什么方式公开以及公开的质量等问题。

1. 预算公开的主体

预算公开的主体是指公开预算信息的部门和机构,不仅包括财政部门,而且包括使用财政资金的公共部门和非公共部门、对财政资金进行监督和审计的部门及机构。

2. 预算公开的客体

预算公开的客体是指财政及相关部门向公众公开或开放自己的预算信息内容。[①] 主要包括两个方面:一是要公开预算计划和执行结果,

---

[①]《预算法》规定:"经本级人民代表大会或者本级人民代表大会常务委员会批准的预算、预算调整、决算、预算执行情况的报告及报表,应当在批准后二十日内由本级政府财政部门向社会公开,并对本级政府财政转移支付安排、执行的情况以及举借债务的情况等重要事项作出说明。经本级政府财政部门批复的部门预算、决算及报表,应当在批准后二十日内由各部门向社会公开,并对部门预算、决算中机关运行经费的安排、使用情况等重要事项作出说明。各级政府、各部门、各单位应当将政府采购的情况及时向社会公开。"

比如预算制度、预算收支安排、预算执行、预算调整、决算、部门预算、政府间转移支付、政府资产和债务、预算审计与绩效、财政预测及其他政府财务相关信息，涉及国家秘密的除外。二是公开包括编制、审批、执行、决算、监督、绩效评价的全过程。

3. 预算公开的程序

预算公开的程序是指依法定程序进行的预算公开各个工作环节流程。所有预算公开行为都必须固化在制度程序之中，要求参与主体按法定的规则和程序办事，任何参与主体都不能违反或超越程序规定和程序要求为所欲为。

4. 预算公开的方式

预算公开的方式应该满足信息使用者的需求。只有清晰的信息结构与多渠道的公布方式才能满足多元化的公众知情需求。例如，政府预算的相关信息能够通过互联网官方网站、新闻媒体、出版物等多种渠道向公众公布。信息使用者借助基本的分析工具，可以从多个不同角度检索与查看数据，从而提升了数据的可阅读性与可理解性。

5. 预算信息公开的质量

预算信息公开的质量是衡量预算透明度的关键要素，只有高质量的预算信息公开，才能保障真正意义上的预算透明。预算信息公开的质量可从以下三个方面来考察：

（1）预算信息内容。在预算信息内容方面，可以从预算信息的完整性、详细性、可靠性、规范性四个层面对其质量进行考察。预算信息内容是否完整，从范围上看，就某一级政府预算或部门预算而言，信息应该全面，包含各级政府或部门的全部收支，信息未有遗漏；从过程上看，财政预算全过程的信息应完整，从编制、审批、执行，到监督和绩效评价，所有环节的信息均应予以公开。预算信息是否详细是对某项财政收支具体内容的质量要求，预算信息公布越笼统，社会公众对财政活动的认识越模糊；反之，预算信息公布越细致，社会公众对财政收支的了解越清楚，预算透明度越高。预算信息是否准确可靠是对信息精确程度的质量约束，如果预算数据是随意填报的，甚至是编造的、虚假的，即使公开，也无法实现财政预算信息公开的目的。预算信息的规范性是指使用财政资金的各政府部门应按统一、公开的标准和方法预测、记录和公布所产生的预算信息，以保证信息的统一、真实、可靠，并具有可比性。

（2）预算信息时效。在预算信息公开的时效方面可以从两个层面对其质量进行考察：及时性和连续性。预算信息公开的及时性有两层含义：一是政府预算信息提供要在时间上满足信息使用者的需求；二是政府要及时公布预算活动每个阶段产生的信息，包括预算执行的月报、季报、半年检查报和年报。与此同时，预算信息公开要具有连续性，主要是为了预算信息使用者进行比较和鉴别，从而准确地评价政府的受托责任履行情况。政府预算信息公开必须保持横向和纵向的可比性。因此，对各项予以公开的收支项目应该年年公开，不能断断续续、时有时无。

（3）预算信息使用。在预算信息使用方面可以从两个层面对其质量进行考察：便利性和易懂性。便利性是指预算信息能否以低成本、方便的方式获得。预算信息公开包括主动公开和申请公开两种途径。信息可以获取是指对于主动公开的信息，获取途径应方便快捷；对于申请公开的信息，获取途径应畅通。易懂性是指政府公开的财政预算信息能够让立法机构和公众明了公共资金的来龙去脉，信息使用者能够看懂公开的预算信息并正确理解信息内容。由于政府预算内容本身就比较专业，因而需要采取通俗易懂的方式来表达或解释。例如，对于复杂的数据信息，可以直观的图表或图形进行描述；对于预算信息中的专业术语，可以进行解释，使预算信息更容易理解，增强预算信息的可利用程度。

二、预算公开透明改革

自新中国成立至今，我国财政预算从国家秘密到公之于众，大体经历了从"不得向社会公开"到"部分向人大代表公开"，再到"向社会公众公开"的发展历程。

（一）预算信息属于国家秘密，预算不公开（1949—1998年）

1951年，政务院颁布的《保守国家机密暂行条例》（见表7-1）规定，"国家财政计划，国家概算、预算、决算及各种财务机密事项"属于保密内容，是国家机密。1988年通过的《中华人民共和国保守国家秘密法》将上述条款规定改为"国民经济和社会发展中的秘密事项"，也限制了预算公开。1991年，国家计委和国家保密局制定了《计划、经济工作中国家秘密及其密级具体范围的规定》，对上述范围进行了界定，财政计划属于国家秘密的范围。1997年，国家保密局、财政部等部委制定的《经济工作中国家秘密及其密级具体范围的规定》指出，财政年度预、决算草案及其收支款项的年度执行情况，历年财政明细统计资料等属于国家秘密，不得向社会公开。尽管1982年的《中华人民共和国宪法》赋予人大有权审查、批准预算和预算执行情况的报告，1994年《中华人民共和国预算法》明确了人大审批预算的职能，但其中并无预算公开的规定。因此，在本阶段根据当时的法律法规规定，包括国家财政计划、国家概算、预算、决算在内的各种信息均列为国家秘密，在当时我国没有也不可能建立起预算信息公开制度。

表7-1 预算信息属于国家秘密，预算不公开（1949—1998年）相关文件

发布日期	级别	发文单位	标题	文件号
1951年6月1日	国家	政务院	《保守国家机密暂行条例》（已废止）	—
1951年8月19日	国家	政务院	《预算决算暂行条例》（已废止）	—
1988年9月5日	国家	全国人大	《中华人民共和国保守国家秘密法》（已修订）	主席令第六号
1991年2月23日	国家	国家计委、国家保密局	《计划、经济工作中国家秘密及其密级具体范围的规定》	计办〔1991〕91号
1991年10月21日	国家	国务院	《国家预算管理条例》（已废止）	国务院令第90号
1994年3月22日	国家	全国人大	《中华人民共和国预算法》（1994年）（已修订）	主席令第21号
1995年11月22日	国家	国务院	《中华人民共和国预算法实施条例》（1995年）（已修订）	国务院令第186号
1997年6月25日	国家	保密局、财政部等八部委	《经济工作中国家秘密及其密级具体范围的规定》	国保发〔1997〕5号

资料来源：根据中央人民政府门户网站、全国人大常委会官方网站等的信息整理而得。

（二）预算信息部分向人大代表公开（1999—2007年）

部门预算改革、政府收支分类改革为预算信息公开提供了条件，中国加入数据公布通用系统（GDDS）对预算信息公开提出了要求。

从中央预算来看，1999年全国人大常委会通过《关于加强中央预算审查监督的决定》，提出编制部门预算、细化预算等要求。2000年，全国人大选择教育部、农业部、科技部、劳动和社会保障部四个部门，作为向全国人大报送部门预算的试点。2001年，中央159个部门全部按照部门预算的要求编报了部门预算。向全国人大报送预算的部门增加了公安部、水利部等部门，增加到26个。2003年报送全国人

大的部门预算增加到29个，2004年增加到34个，2005年增加到35个，2006年增加到40个。

从地方预算来看，1999年河北省人大率先引进预算监督。在人大预算审查方面，通过程序性审查与实质性审查双管齐下，发挥了人大的监督审查作用。在这一阶段，政府让公民积极参与预算的效果初显。2000年，河南省焦作市建立了财政信息服务大厅，公众可以查阅政府的财政信息。2001年，广东省政府首次向省人大提交省政府办公厅等7个试点单位的部门预算草案。可以说，随着部门预算在改革中逐步规范并步入常态，提供了可资预算公开的条件。在人民代表大会上，部门预算及预算资料起初被标上"秘密，会后收回"字样。到了2005年，这些"秘密"字样开始被删除，各地部门预算逐渐向人大代表公开。当年1月，参加四川省人民代表大会的代表发现手中的部门预算草案封面的"机密"二字被删除。2005年，浙江省温岭市新河镇政府首创"预算民主恳谈模式"，政府部门在公共事务决策中，充分听取不同利益群体及个人的意见与建议，通过科学的论证，协商一致，形成兼顾各主体利益且符合民意的决策。自2006年开始，湖南省将124个省级一级预算单位的预算情况全部向人大代表公开。这表明预算公开透明迈出了体制内的第一步。在此期间，少数地方开始探索向社会有限度地公开预算。①

2007年，我国进行了政府收支分类改革：收入分类反映政府收入的来源和性质，支出功能分类反映政府各类职能活动，支出经济分类反映各项支出的经济性质和具体用途。这是自新中国成立以来对财政收支分类统计体系最重大的一次调整。财政部首次运用新的政府收支分类办法编制财政预算报告，以使政府预算真正做到反映全面、公开

---

① 田必耀.中国预算公开路线图.人大研究，2010（7）：4-7.

透明、便于监督,解决了"外行看不懂,内行看不清"的问题。①

2002年4月15日,中国正式加入国际货币基金组织的数据公布通用系统(GDDS)和数据公布特殊标准(SDDS)②,实现了"数据入世",制定了《中国GDDS工作规则》。③中国加入GDDS之后,承诺逐步实现按GDDS要求披露财政信息,同时结合部门预算制度改革和政府收支分类改革,逐步建立规范合理的政府财政统计体系;多渠道提供信息,确保财政统计数据的质量、完整性并便于公众获取;紧密结合社会保障制度改革和预算外资金管理制度改革,改进社会保障基金和预算外资金的统计工作;争取及时公布相关统计数据。

表7-2展示了要求预算信息部分向人大代表公开的相关文件。

表7-2　预算信息部分向人大代表公开(1999—2007年)的相关文件

发布日期	级别	发文单位	标题	文件号
1999年9月9日	省级	吉林省财政厅	《吉林省财政厅关于印发〈吉林省财政厅政务公开方案〉的通知》	吉财纪检字〔1999〕556号
1999年12月25日	国家	全国人大常委会	《全国人民代表大会常务委员会关于加强中央预算审查监督的决定》	第九届全国人大常委会第十三次会议
2000年8月31日	省级	青海省政府	《青海省人民政府关于进一步深化财政预算编制和管理改革的通知》	青政〔2000〕66号

---

① 杨志勇.财税现代化:大国之路.上海:格致出版社,上海人民出版社,2018.

② 国际货币基金组织为了提高各国宏观统计数据的透明度,防范经济、金融危机,制定了数据公布通用系统(general data dissemination system, GDDS)。GDDS由国际货币基金组织于1997年创立。GDDS作为一种框架,用以帮助国际货币基金组织成员发展统计系统。其目的是生成全面精确的统计数据,以便政策制定和分析。GDDS关注三个方面:数据的质量、统计系统的发展计划和数据的公布。GDDS成员承诺使用此框架开发其统计系统,生成并公布其经济、金融和社会人口统计数据,并在国际货币基金组织公告栏网页上向公众发布其当前的统计结果、进一步改进的计划和技术援助的需求。

③ 杨志勇.财税现代化:大国之路.上海:格致出版社,上海人民出版社,2018.

续表

发布日期	级别	发文单位	标题	文件号
2002年8月1日	市级	成都市政府	《成都市人民政府办公厅转发市财政局关于在市级部门实行预算管理改革试点的意见的通知》	无
2003年5月26日	省级	广东省财政厅（刘昆部长任财政厅厅长不久）	《广东省财政厅关于进一步推进我省部门预算改革的通知》	粤财预〔2003〕40号
2005年6月23日	省级	内蒙古自治区政府	《内蒙古自治区人民政府关于进一步加强政府预算管理的意见》	内政发〔2005〕49号
2006年8月15日	省级	浙江省财政厅	《关于印发〈浙江省财政厅深入推行政务公开工作实施办法〉的通知》	浙财法字〔2006〕11号

资料来源：根据全国人大常委会官方网站及相关省市政府门户网站、财政厅网站中的信息整理而得。

（三）预算信息向社会适当公开（2008—2012年）

2008年5月1日开始实施的《中华人民共和国政府信息公开条例》将"财政预算、决算报告"和"财政收支、各类专项资金的管理和使用情况"列为重点公开的政府信息，这是第一个涉及预算公开的制度文本。在这个阶段，我国预算信息公开步伐明显加快。

从中央预算公开来看，2009年我国首次公开了经全国人大审查批准的中央财政收入、中央财政支出、中央本级支出、中央对地方税收返还和转移支付4张预算表。2010—2012年经全国人大审查批准的中央财政预算表格全部公开，内容涵盖公共财政预算、政府性基金预算和国有资本经营预算，同时公开的科目也更加细化。目前，公共财政预算的中央本级支出基本细化到款级科目，教育、医疗卫生、社会保障和就业、农林水事务、住房保障等重点支出细化到项级科目。在中央部门预算公开方面，从2010年开始，中央部门预算公开的范围不断扩大，2012年报送全国人大审查部门预算的国务院部门和单位，全部在4月23—25日集中公开了部门预算。

在地方财政预算公开方面，一些地方政府开始陆续公布其财政预算。2008年，上海闵行区在预算编制阶段举行了听证会，让公众参与预算活动。2009年10月，广州市财政局在网上全部公开当年114个部门预算。2010年，四川省巴州区白庙乡政府的预算进行了全公开，公众从预算编制开始参与，政府在预算编制阶段就广泛收集村民意见与要求，而且政府还把账本毫无保留地公开。2010年和2011年分别有18个和27个省（区、市）公开了本地区公共财政预算和政府性基金预算。2012年，各省份普遍公开了地方财政总预算，21个省份公开了本级部门预算。

在这一时期，预算公开的内容与范围逐渐扩大，地方人大起到了预算审查监督的作用，公众能逐步参与地方政府的预算过程，预算公开逐步迈向法治化。如2008年，以吴君亮为首的"公共预算观察志愿者"团队向全国15个中央政府部门、30余个地方政府申请公开当年的部门预算，在遭到无数次拒绝与周折后，深圳市政府、国家卫生部、国家环保部、民政部以及焦作市先后向该团队公开了其部门预算，由此拉开了政府依公众申请、向公众公开政府预算信息的序幕。

表7-3展示了要求预算信息向社会适当公开的相关文件。

表7-3 预算信息向社会适当公开（2007—2011年底）的相关文件

发布日期	级别	发文单位	标题	文件号
2007年4月5日	国家	国务院	《中华人民共和国政府信息公开条例》（2019年进行了修订）	国务院令第492号

续表

发布日期	级别	发文单位	标题	文件号
2008年9月10日	国家	财政部	《财政部关于进一步推进财政预算信息公开的指导意见》	财预〔2008〕390号
2009年10月22日	省级	上海市财政局	《上海市财政局关于进一步推进区县预算信息公开的指导意见》	沪财预〔2009〕106号
2010年3月1日	国家	财政部	《财政部关于进一步做好预算信息公开工作的指导意见》	财预〔2010〕31号
2010年11月15日	市级	厦门市政府	《厦门市人民政府关于做好预算信息公开工作的通知》（已废止）	厦府〔2010〕414号
2011年1月28日	国家	财政部	《财政部关于深入推进基层财政专项支出预算公开的意见》	财预〔2011〕27号
2011年5月29日	国家	国务院	《国务院办公厅关于进一步做好部门预算公开工作的通知》（已废止）	国办发〔2011〕27号
2011年8月24日	国家	财政部	《财政部关于加快推进财政部门依法行政依法理财的意见》	财法〔2011〕14号

资料来源：根据全国人大常委会官方网站及相关省市政府门户网站、财政厅网站中的信息整理而得。

三、预算公开透明现状

2012年以来，通过贯彻落实党的十八大和十八届三中、四中、五中全会精神，按照党中央、国务院的决策部署以及《预算法》、《党政机关厉行节约反对浪费条例》和《国务院关于深化预算管理制度改革的决定》的有关规定，我国围绕全面深化财税体制改革、建立现代预算制度，进一步推进了预算公开，提高了预算透明度。

（一）预算公开透明现状

1. 预算信息公开常态化

2012年，党的十八大提出"加强对政府全口径预算决算的审查和监督"，要求人大对政府全部收支进行监管，使政府预算公开进入了"以公开为常态、不公开为例外"的新发展阶段。2022年3月24日，中央部门预算集中公开的大幕开启，共有102个中央部门相继晒出各自"账本"[①]，这是中央部门连续第13年集体公开预算。我国预算公开不断成熟深化，社会公众参与也越来越全面深入。

2. 预算信息公开法制化

2014年以来，随着《预算法》修改、实施以及相关法规的不断出台，预算信息公开逐渐步入法制化的轨道。

2014年修订的《中华人民共和国预算法》明确规定，为了规范政府收支行为，强化预算约束，加强对预算的管理和监督，建立健全全面规范、公开透明的预算制度，保障经济社会的健康发展。经本级人民代表大会或者本级人民代表大会常务委员会批准的预算、预算调整、决算、预算执行情况的报告及报表，应当在批准后二十日内由本级政府财政部门向社会公开，并对本级政府财政转移支付安排、执行的情况以及举借债务的情况等重要事项作出说明。经本级政府财政部门批复的部门预算、决算及报表，应当在批复后二十日内由各部门向社会公开，并对部门预算、决算中机关运行经费的安排、使用情况等重要事项作出说明。各级政府、各部门、各单位应当将政府采购的情况及时向社会公开。

2014年9月，国务院颁布的《关于深化预算管理制度改革的决

[①] 李燕. 落实过紧日子要求102家中央部门集中"晒预算". 中国财政，2022（8）：34-35.

定》明确指出：着力推进预算公开透明。实施全面规范、公开透明的预算制度，将公开透明贯穿预算改革和管理全过程，充分发挥预算公开透明对政府部门的监督和约束作用，建设阳光政府、责任政府、服务政府。

2018年12月29日，全国人大常委会第七次会议对《中华人民共和国预算法》进行了第二次修正，使该法第八十八条规定的工作范围进一步扩展。

2019年4月，国务院颁布了修订的《政府信息公开条例》，并明确规定：对涉及公众利益调整、需要公众广泛知晓或者需要公众参与决策的政府信息，行政机关应当主动公开，并对不公开政府信息的具体情形进行了明确。

2020年1月，财政部印发了《关于深入推进财政法治建设的指导意见》，要求：全面推进财政政务公开。完善财政信息公开制度，不断增加主动公开的内容，妥善做好依申请公开工作。做好对热点敏感问题的舆论引导，主动妥善回应社会关切，增强信息发布的权威性、时效性。加强财政信息公开平台建设，提高财政政务公开信息化、集中化水平。

3.预算信息公开规范化

2016年2月，《中共中央办公厅、国务院办公厅印发〈关于进一步推进预算公开工作的意见〉的通知》对预算信息公开进行了规范：一是扩大预算公开范围；二是进一步公开预决算信息；三是细化预算公开内容；四是加快预算公开进度；五是规范预算公开方式。

4.预算信息公开全面化

2012年以前，预算信息公开的重点主要是中央财政预算，随着预算信息公开改革的进行，地方财政预算信息公开工作提上日程，表明预算信息公开全覆盖初见成效。

2013年8月，财政部印发了《关于推进省以下预决算公开工作的通知》。该文件表明：为推动政府职能转变，规范权力运行，建设廉洁政府，李克强总理明确提出要"建立公开、透明、规范、完整的预算制度"以及"深化细化预算决算公开和'三公'经费公开，从2013年开始，逐步实现县级以上政府公务接待经费公开"。为贯彻落实国务院领导重要指示精神，做好预决算公开工作，促进预算制度管理改革，在全面公开省级预决算及"三公"经费的基础上，2013年进一步指导地方推动省以下预决算公开工作。对于各地预决算公开工作开展情况，纳入地方预决算管理工作考核。

2014年3月，财政部印发了《关于深入推进地方预决算公开工作的通知》并表明：进一步细化地方政府预决算公开内容，政府预决算全部细化到支出功能分类的项级科目，专项转移支付预决算细化到具体项目。扩大地方部门预决算公开范围，除涉密部门外，地方所有使用财政拨款的部门均应公开本部门预决算。细化地方部门预决算公开内容，除涉密内容外，部门预决算全部公开到支出功能分类的项级科目，逐步将部门预决算公开到基本支出和项目支出，研究将部门决算按经济分类公开。加大"三公"经费公开力度，细化公开内容，所有财政拨款安排的"三公"经费都要详细公开，"公务用车购置和运行费"细化公开为"公务用车购置费"和"公务用车运行费"。

此后，国务院、财政部又多次出台相关文件（见表7-4），对地方财政预算信息公开内容进行了明确规范。特别是2021年4月，财政部出台了《关于推进部门所属单位预算公开工作的指导意见》，并指出：推进部门所属单位预算公开，是深化预算管理制度改革、提高预算透明度的重要举措，有助于更好地保障公民的知情权、参与权、表达权、监督权，强化社会监督，推动法治政府建设和政府职能转变，推进国家治理体系和治理能力现代化。预算信息公开的维度从部门预算细化到了单位预算。

表7-4 预算信息公开常态化（2012年至今）的相关文件

发布日期	级别	发文单位	标题	文件号
2013年8月1日	国家	财政部	《财政部关于推进省以下预决算公开工作的通知》	财预〔2013〕309号
2014年3月4日	国家	财政部	《财政部关于深入推进地方预决算公开工作的通知》	财预〔2014〕36号
2014年3月21日	国家	财政部	《财政部关于印发〈地方财政管理绩效综合评价方案〉的通知》	财预〔2014〕45号
2014年8月31日	国家	全国人大	《中华人民共和国预算法》（2014年修订版）	主席令第12号
2014年9月26日	国家	国务院	《国务院关于深化预算管理制度改革的决定》	国发〔2014〕45号
2015年4月3日	国家	国务院办公厅	《国务院办公厅关于印发2015年政府信息公开工作要点的通知》	国办发〔2015〕22号
2015年10月20日	国家	财政部	《财政部关于开展地方预决算公开情况专项检查的通知》	财监〔2015〕84号
2016年2月23日	国家	中共中央办公厅、国务院办公厅	《中共中央办公厅、国务院办公厅印发〈关于进一步推进预算公开工作的意见〉的通知》	中办发〔2016〕13号
2016年4月5日	国家	国家税务总局	《国家税务总局关于全面推进政务公开工作的意见》	税总发〔2016〕50号
2016年9月23日	国家	财政部	《财政部关于切实做好地方预决算公开工作的通知》	财预〔2016〕123号
2017年5月9日	国家	国务院办公厅	《国务院办公厅关于印发开展基层政务公开标准化规范化试点工作方案的通知》	国办发〔2017〕42号
2018年12月20日	国家	财政部	《财政部关于印发〈地方政府债务信息公开办法（试行）〉的通知》	财预〔2018〕209号
2018年12月29日	国家	全国人大	《中华人民共和国预算法》（2018年修订版）	主席令第22号

续表

发布日期	级别	发文单位	标题	文件号
2019年4月3日	国家	国务院	《中华人民共和国政府信息公开条例》	国务院令第711号
2019年8月19日	国家	财政部	《财政部关于印发财政预决算领域基层政务公开标准指引的通知》	财办发〔2019〕77号
2020年1月3日	国家	财政部	《财政部关于印发〈地方财政管理工作考核与激励办法〉的通知》	财预〔2020〕3号
2020年1月23日	国家	财政部	《财政部关于深入推进财政法治建设的指导意见》	财法〔2020〕4号
2020年8月3日	国家	国务院	《中华人民共和国预算法实施条例》	国务院令第729号
2021年3月7日	国家	国务院	《国务院关于进一步深化预算管理制度改革的意见》	国发〔2021〕5号
2021年4月7日	国家	财政部	《财政部关于推进部门所属单位预算公开工作的指导意见》	财预〔2021〕29号

资料来源：根据中央人民政府门户网站、全国人大常委会官方网站、财政部官方网站中的信息整理而得。

（二）我国预算公开透明评价

从目前的预算公开评价体系来看，可以分为中央政府和地方政府两个层面。在中央政府层面，国际预算合作组织（International Budget Partnership，IBP）发布的《预算公开指数报告》（2006—2021年），比较了世界各国（地区）预算公开的总体情况；在地方政府层面，目前有上海财经大学发布的《中国财政透明度报告》（以下简称《透明度报告》）（2009—2018年）以及清华大学课题组定期发布的《中国市级政府财政透明度研究报告》（2012—2021年）。

1. IBP 预算公开指数[①]

自 20 世纪末以来，为推进政府预算的公开透明，若干国际组织提出了评估政府预算透明度的标准体系。这些国际组织主要包括国际货币基金组织（IMF）、经济合作与发展组织（OECD）以及国际预算合作组织（IBP）。尽管这三大国际组织都提出了预算透明标准体系，但侧重点各有不同。相比于 IMF 的《财政透明度良好做法守则》和 OECD 的《预算透明度最佳做法》，IBP 的《预算公开指数报告》对各国预算信息公开程度进行了量化。

2006 年，IBP 发布了世界上第一个有关预算透明度和公信力的具有独立性、比较性的调查报告——《预算公开调查》（OBS），其调查依据是严格设计的调查问卷。当年参与调查的国家有 59 个，至 2021 年，参与调查的国家（地区）已经达到 120 个，成为很多国家（地区）评估政府信息公开和进行国际比较的重要参考依据。

2021 年，IBP 的预算公开调查问卷包括了五个部分：预算文件的公开性、行政预算草案的披露情况、其他主要预算文件的披露情况、预算监管的力度、预算过程中的公众参与。其中，前三部分构成了预算公开指数（预算透明度）。IBP 对调查问卷结果分别就预算透明、公众参与和预算监管进行打分（满分各为 100 分）。一个国家的预算透明度得分反映在预算公开指数上，评估公众获得及时和全面的预算信息的情况。

2. 省级财政透明度[②]

2009—2018 年[③] 上海财经大学"中国财政透明度评估"项目组连

[①] 参见 IBP 网站。
[②] 上海财经大学公共政策研究中心. 2018 中国财政透明度报告：省级财政信息公开状况评估. 上海：上海财经大学出版社，2018.
[③] 目前没有后续年度的报告发布（至 2022 年 7 月文献搜索结果）。

续十年进行了省级财政透明度调查评估。该项目组采取调查方式，即通过向有关部门提出政府信息公开申请、网络搜索和文献检索等多种方式全方位调查省级财政信息的公开程度。

在得到各地财政厅（局）、人力资源和社会保障厅（局）、国有资产监督管理委员会、政府信息公开办公室以及11个省级部门（省政府办公厅、省人大等）反馈信息的同时，项目组还搜集整理了各省份政府官方网站、报纸杂志、财政年鉴、统计年鉴公开的财政信息，最终得到各省份所有已公开在一级信息要素下的二级财政信息要素；然后，将所有财政信息要素按不同性质归集到9项一级信息要素（其中一个为态度评分），各部分的权重被列为一级权重，并与前几年评估项目中各部分的权重保持一致：一般公共预算调查28项信息，占省级财政透明度得分的比重为25%；政府性基金调查27项信息，占省级财政透明度得分的比重为8%；财政专户管理资金调查27项信息，占省级财政透明度得分的比重为4%；国有资本经营预算基金调查27项信息，占省级财政透明度得分的比重为2%；政府资产负债调查7项信息，占省级财政透明度得分的比重为9%；部门预算及相关信息调查26项信息，占省级财政透明度得分的比重为15%；社会保险基金调查14项信息，占省级财政透明度得分的比重为19%；国有企业基金调查8项信息，占省级财政透明度得分的比重为15%；被调查者态度得分占省级财政透明度得分的比重为3%。

对于2018年的省级财政透明度调查评估，有以下基本结论：

第一，我国省级政府财政透明度保持逐年提高的趋势。31个省份的平均百分制得分从2014年的32.68分上升到2018年的53.49分，表明我国省级财政透明度得分稳步上升、成绩显著。这种明显的进步是人大、政府、学界以及社会民众各方努力推动的结果，也是中国建设现代财政制度、走向现代国家治理的必经之路。尽管如此，至今我国省级财政透明度的整体水平依然很低，31个省份的平均得分还不到60分。

第二，财政透明度在省际仍然存在较大差距。2018年财政透明度平均百分制得分最高的广东省公开了将近70%的调查信息，而云南、江苏、江西三省的财政透明度得分接近30分，不到领先省份信息公开水平的一半。

第三，单个省份的财政透明度在不同年份呈现明显的不稳定态势。湖北、陕西和海南的得分分别从2017年的25.5分、27.2分和36.6分上升到2018年的67.6分、57.8分和66.6分，分别增加了42.1分、30.6分和30.0分。相应地，其省际排名也显著上升，分别提升了27位、17位和19位。而江苏的得分从2017年的55.1分下降到2018年的28.1分，下降了27分，这使得其排名也显著下降，从2017年的第11名下降为2018年的倒数第2名。

第四，不同调查信息的透明度有很大不同。按得分从高到低排序，依次是被调查者态度（83.42分）、一般公共预算（66.52分）、社会保险基金（59.26分）、国有企业基金（57.94分）、政府性基金（56.90分）、国有资本经营预算基金（56.22分）、部门预算及相关信息（44.21分）、政府资产负债（21.40分）和财政专户管理资金（4.36分）。在9项信息要素中，被调查者态度得分最高，得分率超过80%，说明大部分政府部门能够积极回复项目组的政府信息公开申请；财政专户管理资金的信息公开情况最差，得分不超过5分，这反映了相关部门仍然忽视对财政专户管理资金的信息统计和公开。

3. 市级政府财政透明度[①]

自2012年起，清华大学课题组每年定期发布《中国市级政府财

---

① 清华公共管理学院公共经济、金融与治理研究中心，清华大学21世纪发展研究院财政透明度课题组.2021年中国市级政府财政透明度研究报告，2021-10-10.

政透明度研究报告》。该课题组根据政府财政透明度的国际标准并结合中国的实际情况，提出了用于衡量中国政府财政透明度的全口径指标体系，并用其评价我国市级政府的财政公开情况。在现阶段，中国各级政府的财政透明工作应当遵循的原则有三个：全口径财政信息公开内容、一站式财政信息发布方式、用户友好型财政信息服务界面。

2021年中国市级政府财政透明度指标体系包括五大部分：列入公共预算的机构公开情况；市级政府预算与预算执行公开情况；其他重要的财政信息公开情况；政府部门预算绩效/项目绩效目标公开情况；三大原则，包括了"一站式"服务、全口径、用户友好这三大原则的重要性。

2021年对全国294个地级与地级以上市政府（4个直辖市政府和290个地级市政府）的财政透明度情况进行了详细研究，得出了"全口径财政透明度体系评价中国市级政府总得分与排序"。2021年财政透明公开的整体情况明显优于上年。广州市、北京市、杭州市、烟台市、湖州市、成都市、深圳市、天津市、上海市、武汉市位列前十位，大多数城市的排名保持了较为稳定的水平。但由于指标体系的调整，具体分值出现了一定的变动。按百分制，得分在60分及以上的城市共有55家，其中得分位于60分~70分的城市有41家，得分位于70分~80分的城市有11家，得分超过80分的城市共有3家。

排名靠后的地级市在公开情况较差的原因上也有相似之处，其中排名倒数30位的城市大多未能公开2020年预算执行和2021年预算情况的详细表格，而仅仅在报告正文中对"四本账"的某些项目总额加以介绍，具体细项则无从得知。此外，排名靠后的城市在"其他重要的财政信息"的公开方面也欠佳，难以达到中央政府和社会公众对于财政信息公开的要求与期望。

市级政府财政信息公开情况尤其是预算和预算执行部分较往年有

了较大进步,"四本账"的公开情况比上年有所提升。衡量政府财政透明度的核心指标是市级政府对预算与预算执行情况的公开,即"四本账"的公开情况。"四本账"是公共财政、政府性基金、国有资本经营以及社保基金的统称。2021年大部分城市都给出了较为完善的2020年预算执行以及2021年预算报告。

总的来说,地级与地级以上市政府的财政公开在数据的可得性、获得数据的便利性、数据的全面性和可读性方面均有所提高。尽管如此,不同的城市政府之间在财政公开方面仍然存在很大差别。因此,地级市政府的公共财政公开还有很大的改进空间。

(三)我国预算公开透明存在的问题

从预算公开改革的历程及现状可以看出,我国在推动建立预算公开制度体系方面成效显著:一是预算公开法制框架基本确立。初步形成了以《预算法》《政府信息公开条例》为统领,以《国务院关于深化预算管理制度改革的决定》和中共中央办公厅、国务院办公厅印发的《关于进一步推进预算公开工作的意见》为指南,涵盖政府预算、部门预算和转移支付预算的多层次、多方位、具有中国特色的预算公开法制模式。二是预算公开体系基本形成。我国基本形成了由财政部门公开政府预算、转移支付预算,各部门公开部门预算的预算公开体系。在此基础上,各级财政部门、各部门按照"谁制作、谁公开"的要求,主动公开预算管理法规和政策、预算编制办法及流程等,进一步充实了预算公开信息。但与现代预算制度的要求相比,我国预算公开仍然存在一定差距。

1. 预算公开主动性不足

预算公开主体是负有公开政府预算收支情况与执行情况责任的机关。根据规定,在一般情况下,政府、财政部门、其他部门以及单位是预算公开主体。政府预算信息的公开一般都是在中央的要求之下被动进行的,政府部门缺乏公开的主动性。实践中,仅把财政部门和其他预算主管部门作为预算公开主体,在预算主体缺乏主动公开意识的情况下,容易造成相互推诿公开责任的现象。预算公开主体是预算公开制度的重要一环,若预算公开主体不主动公开法律要求其公开的信息,那么预算公开则无从谈起。

2. 预算公开内容不全面

有关报告[①]指出,在预算公开完整性方面,大部分省份仍有将近50%的调查信息没有公开,得分最高的广东省公开了将近70%的调查信息,得分最低的江西省仅公开了不到30%的调查信息。另外,与其他三本预算相比,一般公共预算公开信息的完整性与细化程度更高。在四本预算的透明度调查中,一般公共预算的平均得分为66.52分、社会保险基金预算的平均得分为59.26分、政府性基金预算的平均得分为56.90分、国有资本经营预算的平均得分为56.22分。

3. 预算公开细化程度不高

在预算公开内容细化程度方面,一般公共预算支出仅要求按经济分类编到项,对于占三分之二的项目支出却没有要求;其他三本预算没有按经济分类公开,只要求按功能分类编到款,预算编制只反映到"类"或"款"。人大代表与公众难以依据粗略的预算分类报表判断财政资金的使用情况。从预算层级来看,政府预算、部门预算的预算公开程度较高,但各部门所属的单位预算有的成为预算公开的"死角",外界对单位预算收支难以了解。

4. 预算公开的进度不均衡

我国预算信息公开进展不够均衡。横向来看,部门之间信息公开

---

① 上海财经大学公共政策研究中心.2018中国财政透明度报告:省级财政信息公开状况评估.上海:上海财经大学出版社,2018.

进展不一,各地之间财政信息公开推进参差不齐,完整性和细化程度存在较大差异。纵向来看,中央、省、市、县财政信息公开也不平衡,财政信息公开的力度总体上呈逐级弱化现象。县级因处于政策推动的终端,成为财政预算信息公开相对薄弱的环节。

5.预算公开形式不规范

在实践中,预算公开一般是以政府网站、财政部门网站或者构建预决算公开平台为主要公开途径,以报刊、电视广播、图书馆、档案馆等为辅助公开途径。但是,各部门在预决算公开的重视程度、平台建设、标准化程度等方面差异较大,有的预决算公开数与批复数不符,有的预决算公开表格与账务核算信息存在不一致。与此同时,还存在以下情况:公众虽然知道政府公开了信息,但公众并不知道通过哪些途径去获取信息;预算公开文件有以 word、pdf、excel、jpg、rar 等方式呈现,jpg 与 rar 等形式的预算文件存在不清晰或者存在乱码现象;公众看不懂预算信息。

四、深化预算公开透明改革

我国预算信息公开的改革需要充分考虑国情特点,结合实际中存在的问题,进一步深化和完善。因此,必须认真贯彻落实党的十八大和十八届三中、四中、五中全会精神,按照党中央、国务院的决策部署以及《预算法》、《党政机关厉行节约反对浪费条例》和《国务院关于深化预算管理制度改革的决定》的有关规定,围绕全面深化财税体制改革、建立现代预算制度,进一步推进预算公开,提高预算透明度,充分发挥党内监督的主导作用,加强财会监督,促进财会监督与党内监督、监察监督、审计监督等协同发力,发挥多种监督方式的协同效应,推动形成多维一体的预算监督体系,助力推进国家治理体系和治理能力现代化建设。

（一）基本原则

（1）坚持以公开为常态、不公开为例外原则。除涉及国家秘密的信息（以下简称"涉密信息"）外，各级政府公开本级政府预决算，中央和地方使用财政资金的部门及单位应当积极推进部门预决算公开。

（2）坚持明确和落实责任原则。各部门、各单位应当依法主动公开预决算信息，各级政府预决算由财政部门负责公开，各部门、各单位负责公开本部门、本单位预决算。

（3）坚持以公开促改革原则。以公开为抓手，通过预决算公开促进财税体制改革和其他相关领域改革，为实现国家治理体系和治理能力现代化提供动力。

（二）具体措施

1. 强化主动公开意识

各地应当牢固树立预算公开观念，提高对进一步推进预算公开工作重要性的认识，积极指导各部门、各单位做好预算公开各项工作。各部门、各单位要充分认识预算公开是依法应当履行的义务，以高度的责任感、使命感和改革创新精神切实履行职责。各级财政部门应当将预算公开作为当前财政工作的重中之重，进一步扩大预算公开范围、细化预算公开内容、加快预算公开进度、规范预算公开方式，使预算公开贯穿预算改革和管理全过程。

2. 扩大预算公开范围

各地应当依法及时公开经本级人民代表大会及其常务委员会批准的预算、预算调整、预算执行情况、决算的报告及报表（涉密信息除外），中央和地方使用财政资金的部门和单位应当积极稳妥地公开本部门和单位预决算（涉密信息除外）。依法确定为国家秘密的信息不予公开；涉密信息经法定程序解密并删除涉密内容后，予以公开。按照"横向到边"，将一般公共预算、政府性基金预算、国有资本经营预算和社会保险基金预算四本预算全覆盖；落实"纵向到底"，对于每一个支出项目，公开项目资金管理办法、预算和资金下达情况等，并逐步充实内容，增加政策解读、资金申请流程、资金分配结果、绩效评价情况，实现支出项目资金管理过程公开的全覆盖。

3.细化预算公开内容

（1）进一步公开预决算信息。各地公开的财政预决算包括一般公共预算、政府性基金预算、国有资本经营预算和社会保险基金预算，以及本级政府财政转移支付安排、执行的情况和举借债务的情况。各地应当公开各类财税制度，包括税收征管、非税收入收缴、政府性基金项目、财政专户、税收优惠政策等财政收入制度，本级专项支出管理、转移支付管理、政府采购等财政支出制度，会计、国库、国有资产等其他财政管理制度，逐步公开重大投资项目资金安排及使用情况、政府综合财务报告。各部门、各单位预决算公开的内容包括本部门、本单位职责、机构设置、一般公共预算收支情况、政府性基金预算收支情况、机关运行经费情况等，涵盖财政拨款收支情况、非财政拨款收支情况。各部门、各单位应当及时公开政府采购信息，结合工作进展情况逐步公开预算绩效信息和国有资产占有使用情况。

（2）细化预算公开的具体内容。各级政府预决算支出应当全部公开到功能分类项级科目（涉密信息除外），按规定公开到经济分类款级科目（涉密信息除外）；公开分地区的税收返还、一般性转移支付和专项转移支付情况，对下专项转移支付预决算全部按具体项目公开；举借债务的情况包括经本级人民代表大会或其常务委员会批准的本地区债务限额、债务余额和债务发行、使用、偿还等情况。各部门、各单位预决算支出应当全部公开到功能分类项级科目（涉密信息除外），按规定公开到经济分类科目（涉密信息除外）。公开的决算应当说明因公出国（境）团组数及人数，公务用车购置数及保有量，国内公务接待的批次、人数等情况。各部门、各单位应当公开政府采购情况（涉密信息除外）。采购活动开始前，在采购文件中公开项目采购预算，采购时尚未确定项目预算金额的，可不公开具体预算金额；采购活动完成后，公开中标、成交结果和政府采购合同；公开部门决算时，一并公开本部门、本单位政府采购货物、工程、服务的总体情况，以及支持中小企业等政府采购政策的落实情况。

（3）加大项目支出预算公开力度。项目支出预算是部门支出预算的重要组成部分。推进项目支出预算公开，有利于督促各部门改进预算编制、优化支出结构、提高资金使用效益。2022年中央部门在公开预算时，继续对提交全国人大审议的项目等情况进行说明。公开的项目内容包含项目概述、立项依据、实施主体、实施方案、实施周期、年度预算安排、绩效目标等。

（4）大幅扩大绩效目标公开范围。绩效目标是预算绩效管理的基础和起点。推进绩效目标公开，是深化预算绩效管理改革的内在要求。2022年组织中央部门公开预算时，大幅增加了一般公共预算、政府性基金预算和国有资本经营预算项目支出绩效目标公开数量。对于提交全国人大审议项目的中央部门，还需同步公开提交审议项目的文本。各部门、各单位应当结合预算绩效管理工作进展，推进预算绩效信息公开，逐步在部门预算中公开部门和单位预算绩效目标，在部门决算中公开主要的民生项目和重点支出项目的绩效评价结果。探索建立部门和单位国有资产公开制度，逐步公开本部门、本单位占有使用国有资产的总体情况、分布构成、主要实物资产数据和资产变动情况。

（5）积极稳妥推进部门所属单位预算公开。根据《中华人民共和国预算法实施条例》（以下简称《预算法实施条例》）的有关规定和《财政部关于推进部门所属单位预算公开工作的指导意见》的有关要求，2022年在做好中央部门预算公开的同时，继续要求中央部门落实好《预算法实施条例》，指导督促所属单位认真履行主体责任，依法依规公开单位预算。

4.加快预算公开进度

各地区、各部门、各单位应当按照中央要求，加快推进预算公开工作。预算公开进展较快的地区和部门、单位，要不断拓展预算公开的内容和范围，完善预算公开的方式和方法；预算公开进展较慢的地区和部门、单位，要采取有力措施加快推进公开工作；部分涉密事项多、尚不具备公开条件的部门要加强研究预判，确保预算公开工作积极稳妥。省级财政部门应当将省级预算公开办法报财政部备案，并定期向财政部报告本地区公开情况。县、乡级部门和单位要立足面向基层、贴近群众的实际，进一步细化公开内容，通过门户网站、县乡镇服务大厅、社区（村组）公示栏、便民手册等形式，重点公开教育、医疗卫生、社会保障和就业、住房保障、涉农补贴等民生支出情况，包括项目名称、预算规模、补助标准、发放程序、资金分配结果等。对于分配到人（户）的财政资金，应当由乡级财政部门公开补助对象的姓名、地址、补助金额等详细情况。

5.规范预算公开方式

各地应当结合工作实际情况制定预算公开实施方案，完善工作机制，规范工作流程，明确预算公开的主体、时间、方式和原则，制定预算公开具体操作规程。各部门、各单位应自本级财政部门批复预决算及相关信息形成或变更之日起××日内主动公开。公开以政府或部门、单位门户网站为主要平台，并保持长期公开状态。各部门、各单位要设立预算公开专栏，汇总公开信息，便于社会公众查询监督。没有门户网站的部门和单位在本级政府的门户网站上公开或通过政府公报、新闻发布会、报刊、广播、电视等方式公开。各部门、各单位应当严格按照《中华人民共和国保守国家秘密法》以及其他法律法规和有关规定，做好涉密事项的定密、解密及信息公开的保密审查工作；各级保密部门要切实做好指导工作，各级财政部门要在法定涉密信息的技术处理方面做好配合工作。

参考文献

[1] 巴曙松，刘孝红，牛播坤．转型时期中国金融体系中的地方治理与银行改革的互动研究．金融研究，2005（5）：25-37.

[2] 白鹤祥．深化国库集中收付制度改革．中国金融，2017（19）：89-90.

[3] 白景明，石英华．依法加快建立跨年度预算平衡机制．中国财政，2015（1）：50-53.

[4] 白景明．全面实施预算绩效管理须实现四大突破．中国经济时报，2018-02-13.

[5] 北京市财政局课题组．关于逐步将地方政府债务收支纳入预算管理的研究．预算管理与会计，2015（1）：41-45+27.

[6] 陈共．财政学．10 版．北京：中国人民大学出版社，2020.

[7] 陈雨露，郭庆旺，张杰，等．新中国财政金融制度变迁事件解读．北京：中国人民大学出版社，2013.

[8] 刁伟涛．我国地方政府债务分类纳入预算管理的初始状况分析：2014—2015．财政研究，2016（8）：28-39.

[9] 高培勇．实行全口径预算管理．北京：中国财政经济出版社，2009.

[10] 高培勇．中国财税改革 40 年：基本轨迹、基本经验和基本规律．经济研究，2018，53（3）：4-20.

[11] 高培勇．找准建立现代财税体制的着力点和着重点．光明日报，2021-02-09.

[12] 韩冰．我国财政预算信息公开质量评析．地方财政研究，2014（11）：17-20.

[13] 何贤杰，朱红军，陈信元．政府的多重利益驱动与银行的信贷行为．金

融研究，2008（6）：1-20.

[14] 侯思佳.成本效益分析法在财政项目支出定额标准的应用研究.经济研究参考，2017（51）：45-51.

[15] 华国庆.全口径预算：政府财政收支行为的立法控制.法学论坛，2014，29（3）：32-39.

[16] 贾康，苏明.部门预算编制问题研究.北京：经济科学出版社，2004.

[17] 寇铁军，高巍.建立政府全口径预算与完善政府复式预算体系的思考.中国财政，2013（21）：44-45.

[18] 黎凯，叶建芳.财政分权下政府干预对债务融资的影响——基于转轨经济制度背景的实证分析.管理世界，2007（8）：23-34.

[19] 李波，伍戈.影子银行的信用创造功能及其对货币政策的挑战.金融研究，2011（12）：77-84.

[20] 李春田.标准化概论.6版.北京：中国人民大学出版社，2014.

[21] 李丹，庞晓波，方红生.财政空间与中国政府债务可持续性.金融研究，2017（10）：1-17.

[22] 李里.珠海零基预算改革的实践探索.财会研究，2016（2）：14-15.

[23] 李萍，刘尚希.部门预算理论与实践.北京：中国财政经济出版社，2003.

[24] 李爽.我国商业银行系统中准财政活动规模估算及政策建议.中央财经大学学报，2012（11）：7-12.

[25] 李新，陈怡.中国省级政府预算公开分析——以湖北省为例.广西财经学院学报，2019，32（1）：46-58.

[26] 李燕，王晓.国家治理视角下的现代预算制度构建.探索，2016（3）：58-61+84.

[27] 李燕.政府预算管理.2版.北京：北京大学出版社，2016.

[28] 李烝.落实过紧日子要求 102 家中央部门集中"晒预算".中国财政，2022（8）：34-35.

[29] 李政，梁琪，涂晓枫.我国上市金融机构关联性研究——基于网络分析法.金融研究，2016（8）：95-110.

[30] 梁琪，郝毅.地方政府债务置换与宏观经济风险缓释研究.经济研究，2019，54（4）：18-32.

[31] 梁若冰，王群群.地方债管理体制改革与企业融资困境缓解.经济研究，2021，56（4）：60-76.

[32] 刘昆.建立现代财税体制.中国财政,2020(22):4-7.

[33] 刘蓉,李娜.地方债务密集度攀升的乘数和双重挤出效应研究.管理世界,2021,37(3):51-66+160+5.

[34] 刘尚希,石英华,武靖州.制度主义公共债务管理模式的失灵——基于公共风险视角的反思.管理世界,2017(1):5-16.

[35] 刘尚希.我国预决算体系基本实现全口径.中国经济周刊,2013(9):19-20.

[36] 楼继伟.深化财税体制改革 建立现代财政制度.求是,2014(20):24-27.

[37] 楼继伟.40年重大财税改革的回顾.财政研究,2019(2):3-29.

[38] 卢真,马金华.中西方现代预算制度成长的驱动因素分析及启示.中央财经大学学报,2016(10):13-18.

[39] 陆毅,欧阳洁.深入理解建立现代预算制度的逻辑.人民日报,2022-08-23.

[40] 罗荣渠.现代化新论.北京:商务印书馆,2004.

[41] 吕凯波,王聪,邓淑莲,等.国家治理现代化中政府预算公开的转型过程与制度障碍.南京审计大学学报,2017,14(5):10-21.

[42] 吕炜,周佳音,陆毅.理解央地财政博弈的新视角——来自地方债发还方式改革的证据.中国社会科学,2019(10):134-159+206-207.

[43] 吕侠.中国预算公开制度研究.长沙:湖南师范大学出版社,2015.

[44] 马蔡琛,陈蕾宇.基于全过程绩效管理的预算信息公开研究.地方财政研究,2018(6):36-44.

[45] 马蔡琛,赵早早.新中国预算建设70年.北京:中国财政经济出版社,2020.

[46] 马蔡琛.现代预算制度的演化特征与路径选择.中国人民大学学报,2014,28(5):27-34.

[47] 马海涛,崔运政.地方政府债务纳入预算管理研究.当代财经,2014(6):23-31.

[48] 马海涛,肖鹏.现代预算制度概念框架与中国现代预算制度构建思路探讨.经济研究参考,2015(34):1-10.

[49] 马海涛,肖鹏.预算项目支出标准定额体系建设研究——基于成本效益分析视角.经济研究参考,2018(14):3-10+50.

[50] 马洪范.大数据时代的财政治理.地方财政研究,2017(12):4-9+14.

[51] 马骏.治国与理财:公共预算与国家建设.北京:生活·读书·新知三联书店,2011.

[52] 马拴友.中国公共部门债务和赤字的可持续性分析——兼评积极财政政策的不可持续性及其冲击.经济研究,2001(8):15-24.

[53] 马文涛,马草原.政府担保的介入、稳增长的约束与地方政府债务的膨胀陷阱.经济研究,2018,53(5):72-87.

[54] 毛捷.地方公债学:理论与实务.北京:清华大学出版社,2021.

[55] 毛捷,刘潘,吕冰洋.地方公共债务增长的制度基础——兼顾财政和金融的视角.中国社会科学,2019(9):45-67+205.

[56] 毛锐,刘楠楠,刘蓉.地方政府债务扩张与系统性金融风险的触发机制.中国工业经济,2018(4):19-38.

[57] 门淑莲,颜永刚.政府收支分类改革及其对我国财政管理的长远影响.经济理论与经济管理,2008(10):50-54.

[58] 牛霖琳,洪智武,陈国进.地方政府债务隐忧及其风险传导——基于国债收益率与城投债利差的分析.经济研究,2016,51(11):83-95.

[59] 牛霖琳,夏红玉,许秀.中国地方债务的省级风险度量和网络外溢风险.经济学(季刊),2021,21(3):863-888.

[60] 牛美丽.中国地方绩效预算改革十年回顾:成就与挑战.武汉大学学报(哲学社会科学版),2012,65(6):85-91.

[61] 庞晓波,李丹.中国经济景气变化与政府债务风险.经济研究,2015,50(10):18-33.

[62] 全国预算与会计研究会总课题组.建立中期财政规划和滚动预算制度难点问题研究主报告(上).预算管理与会计,2016(2):16-18.

[63] 上海财经大学公共政策研究中心.2018中国财政透明度报告:省级财政信息公开状况评估.上海:上海财经大学出版社,2019.

[64] 宋傅天,姚东旻."城投部门"议价能力与地方政府债务扩张.管理世界,2021,37(12):92-110.

[65] 孙琳,周欣.绩效预算改革的中国本土移植:基于比较分析视角.地方财政研究,2017(9):4-12.

[66] 孙颖鹿,宋凤轩.我国预算公开制度的评述与展望.经济研究参考,2016(40):9-15.

[67] 田必耀.中国预算公开路线图.人大研究,2010(7):4-7.

[68] 汪德华,刘立品.地方隐性债务估算与风险化解.中国金融,2019(22):53-54.

[69] 王国生.政府会计学.北京:北京大学出版社,2017.

[70] 王华峰,于凤琴.财政资金需纳入国库单一账户管理.金融时报,2015-03-09.

[71] 王凌智.中央部门预算公开进程及展望——以2010—2020年公开的中央部门预算为例.预算管理与会计,2020(10):38-45.

[72] 王洛忠,李帆.我国政府预算公开的实践进展、现实差距与提升路径.中国行政管理,2013(10):66-69+106.

[73] 王绍光.从税收国家到预算国家.读书,2007(10):3-13.

[74] 王秀芝.部门预算制度研究.北京:经济科学出版社,2007.

[75] 王秀芝.财政管理.2版.北京:中国人民大学出版社,2021.

[76] 王秀芝.从预算管理流程看我国政府预算管理改革.财贸经济,2015(12):22-34.

[77] 王雍君.公共预算管理.北京:经济科学出版社,2010.

[78] 王永钦,陈映辉,杜巨澜.软预算约束与中国地方政府债务违约风险:来自金融市场的证据.经济研究,2016,51(11):96-109.

[79] 王永钦,戴芸,包特.财政分权下的地方政府债券设计:不同发行方式与最优信息准确度.经济研究,2015,50(11):65-78.

[80] 王征.标准化基础概论.北京:技术标准出版社,1981.

[81] 王治国.政府干预与地方政府债券发行中的"利率倒挂".管理世界,2018,34(11):25-35.

[82] 吴盼文,曹协和,等.我国政府性债务扩张对金融稳定的影响——基于隐性债务视角.金融研究,2013(12):57+59-71.

[83] 吴秋余.国家出台一系列优惠政策 小微企业去年减税612亿元.人民日报,2015-02-22.

[84] 肖捷.全面实施预算绩效管理 提高财政资源配置效率.学习时报,2018-03-16.

[85] 肖鹏.新中国成立70周年政府预算理论演变、制度改革与展望.财政监督,2019(19):5-11.

[86] 肖鹏.财政支出标准化:理论框架、实施现状与路径选择.经济研究参

考，2021（10）：9-23+42.

[87] 邢树东. 税式支出优化理论研究. 当代经济研究，2004（7）：66-69.

[88] 熊琛，金昊. 地方政府债务风险与金融部门风险的"双螺旋"结构——基于非线性 DSGE 模型的分析. 中国工业经济，2018（12）：23-41.

[89] 徐睿. 中央部门中期财政规划管理的问题及对策研究. 经营者，2016（1）：29-30.

[90] 徐曙娜. 2015 中国财政发展报告：中国政府综合财务报告制度. 北京：北京大学出版社，2016.

[91] 徐忠. 新时代背景下中国金融体系与国家治理体系现代化. 经济研究，2018，53（7）：4-20.

[92] 杨志勇. 财税现代化：大国之路. 上海：格致出版社，上海人民出版社，2019.

[93] 杨志勇. 我国预算管理制度的演进轨迹：1979—2014 年. 改革，2014（10）：5-19.

[94] 杨子晖，赵永亮，汪林. 财政收支关系与赤字的可持续性——基于门槛非对称性的实证研究. 中国社会科学，2016（2）：37-58+205-206.

[95] 余如男，李定清. 我国政府综合财务报告编制问题探究. 预算管理与会计，2017（9）：26-28+48.

[96] 苑雪芳，齐守印. 我国政府财务报告制度的历史沿革. 经济研究参考，2015（58）：66-73.

[97] 张德勇. 中国政府预算外资金管理：现状、问题与对策. 财贸经济，2009（10）：37-44+136.

[98] 张莉，魏鹤翀，欧德赟. 以地融资、地方债务与杠杆——地方融资平台的土地抵押分析. 金融研究，2019（3）：92-110.

[99] 张路. 地方债务扩张的政府策略——来自融资平台"城投债"发行的证据. 中国工业经济，2020（2）：44-62.

[100] 赵福昌，李成威. 完整性——政府预算体系改革的方向. 中国财经报，2014-10-25.

[101] 中共中央关于全面深化改革若干重大问题的决定. 北京：人民出版社，2013.

[102] 中国社会科学院法学研究所国家法治指数研究中心，中国社会科学院法学研究所法治指数创新工程项目组. 政府采购透明度评估报告（2016）. 北京：

中国社会科学出版社，2016.

[103] 中华人民共和国财政部. 政府会计准则——基本准则. 上海：立信会计出版社，2015.

[104] 中华人民共和国预算法. 北京：中国法制出版社，2014.

[105] 钟宁桦，陈姗姗，马惠娴，等. 地方融资平台债务风险的演化——基于对"隐性担保"预期的测度. 中国工业经济，2021（4）：5-23.

[106] 朱志刚. 财政支出绩效评价研究. 北京：中国财政经济出版社，2003.

[107] 卓越. 公共部门绩效评估. 北京：中国人民大学出版社，2004.

[108] A. 普雷姆詹德. 公共支出管理. 北京：中国金融出版社，1995.

[109] C. E. 布莱克. 现代化的动力：一个比较史的研究. 杭州：浙江人民出版社，1989.

[110] 塞缪尔·亨廷顿，琼·纳尔逊. 难以抉择——发展中国家的政治参与. 北京：华夏出版社，1989.

[111] 松浦四郎. 工业标准化原理. 北京：技术标准出版社，1981.

[112] 桑德斯. 标准化的目的与原理. 北京：科学技术文献出版社，1974.

[113] Schick, Allen. *The Capacity to Budget*. Washington, DC: The Urban Institute Press, 1990.

[114] Schick, Allen. *The Federal Budget: Politics, Policy, Process* (third edition). Washington, DC: Brookings Institution Press, 2007.

[115] Kopits G and J Craig. "Transparency in Government Operations". *IMF Occasianal Paper*, 1998: 158.

[116] Aaron Wildavsky and Naomi Caiden. *The New Politics of the Budgetary Process*. Beijing: Peking University Press, 2005.

[117] Benito B and F Bastida. "Budget Transparency, Fiscal Performance, and Political Turnout: An International Approach". *Public Administration Review*, 2009(3): 403-417.

[118] De Renzio P and Masud H. "Measuring and Promoting Budget Transparency: The Open Budget Index as a Research and Advocacy Tool". *Governance*, 2011, 24(3): 607-616.

[119] Harrison T M, and Sayogo D S. "Transparency, Participation, and Accountability Practices in Open Government: A Comparative Study". *Government Information Quarterly*, 2014, 31(4): 513-525.

图书在版编目（CIP）数据

现代预算制度建设 / 王秀芝，马光荣著. -- 北京：中国人民大学出版社，2024.5

（中国现代财税金融体制建设丛书/吴晓求，庄毓敏主编）

ISBN 978-7-300-32664-1

Ⅰ.①现… Ⅱ.①王… ②马… Ⅲ.①国家预算—预算制度—研究—中国 Ⅳ.①F812.3

中国国家版本馆CIP数据核字（2024）第059061号

中国现代财税金融体制建设丛书
现代预算制度建设
王秀芝　马光荣　著
Xiandai Yusuan Zhidu Jianshe

出版发行	中国人民大学出版社			
社　　址	北京中关村大街31号		邮政编码	100080
电　　话	010-62511242（总编室）		010-62511770（质管部）	
	010-82501766（邮购部）		010-62514148（门市部）	
	010-62515195（发行公司）		010-62515275（盗版举报）	
网　　址	http://www.crup.com.cn			
经　　销	新华书店			
印　　刷	涿州市星河印刷有限公司			
开　　本	720 mm × 1000 mm　1/16		版　次	2024年5月第1版
印　　张	15.5 插页 1		印　次	2024年5月第1次印刷
字　　数	190 000		定　价	68.00元

版权所有　　侵权必究　　印装差错　　负责调换